Mein Chinchilla

Foto

Name:

Alter: **Geschlecht:**

Erworben von: **am:**

Gewicht:

Besondere Merkmale:

Hinweise zur Pflege für die »Urlaubsvertretung«

Fütterungsplan:

Medikamente:

Sonstiges:

Anschrift des nächsten Tierarztes:

Telefonnummer:

Michael Kürschner

Unser Chinchilla

Unterbringung, Pflege, richtig füttern

Franckh-Kosmos

Mit 16 Farbfotos von B. Kahl (1), A. Jesse (1) und G. Assmus (14) sowie 17 Schwarzweißzeichnungen von Harald Cigler (15) und der Firma Wagner und Keller (2). Vignetten von Frau Golte-Bechtle.

Die Käfigabbildungen auf S. 19 und 22 stellte uns freundlicherweise die Firma Wagner und Keller, Ludwigsburg, zur Verfügung.

Umschlaggestaltung von Atelier Reichert, Stuttgart, unter Verwendung von Farbaufnahmen von Gesine Assmus.

Alle Angaben in diesem Buch sind sorgfältig geprüft und geben den neuesten Wissensstand bei der Veröffentlichung wieder. Da sich das Wissen aber laufend weiterentwickelt und vergrößert, muß jeder Anwender prüfen, ob die Angaben nicht durch neuere Erkenntnisse überholt sind. Dazu muß er zum Beispiel bei Behandlungsvorschlägen den Tierarzt konsultieren, Beipackzettel zu Medikamenten lesen, Gebrauchsanweisungen und Gesetze beachten.

Die Deutsche Bibliothek –
CIP-Einheitsaufnahme

Kürschner, Michael:
Unser Chinchilla : Unterbringung, Pflege, richtig füttern / Michael Kürschner. – 2. Aufl. – Stuttgart : Franckh-Kosmos, 1992
ISBN 3-440-06351-8

2. Auflage, 1992

ISBN 3-440-06351-8
Printed in Germany / Imprimé en Allemagne
Satz: F.-M. Stephan, Stuttgart
Herstellung: Huber KG, Dießen

Unser Chinchilla

Vorwort

Die Zerstörung unserer Umwelt bestärkt in vielen Menschen den Wunsch, ein Heimtier zu pflegen. Oftmals ist das Leben mit einem liebenswürdigen Haustier die einzige Brücke zum Verständnis für die Natur. Dies ist wahrscheinlich auch der Grund für das wachsende Interesse an Kleintieren, die in der Haltung und Pflege keine großen Ansprüche stellen und dennoch viel Freude in den menschlichen Alltag bringen.
Zu den wohl größten Nagern unter den Heimtieren zählen die liebenswürdigen und verspielten Chinchillas. Ihr unverkennbares Merkmal ist das wertvolle samtseidige Fell. Obwohl Chinchillas weltweit in großen Massen gezüchtet werden, fanden sie erst in den letzten Jahren Einzug in die Wohnungen tierliebender Menschen. Wegen ihres Pelzes verfolgt und an den Rand der Ausrottung gebracht, existieren sie überwiegend in Zuchtfarmen und fristen im Verborgenen ein Dasein als Pelzlieferanten. Solch ein Schicksal hat dieser possierliche Nager nicht verdient, und um so erfreulicher ist die ständig steigende Entwicklung, ein Chinchilla auch als Heimtier zu pflegen. Friedfertig und intelligent, von unbändiger Lebensfreude und leicht zähmbar, bringt es dazu alle Voraussetzungen mit.
Von Natur aus sind Chinchillas robuste und genügsame Heimtiere, die nicht unbedingt einen Artgenossen benötigen, wenn wir uns oft mit ihnen beschäftigen. Der Tag ist ihre Ruhezeit, und erst am späten Nachmittag erwachen sie zu vollem Leben. Diese angenehme Eigenschaft kommt in vielen Fällen gerade Berufstätigen und Schülern entgegen. Chinchillas sind nicht nur interessant zu beobachten, sie sind auch Streicheltiere, die es genießen, wenn die Hand des Pflegers über ihr Fell streicht. Gerade diese Möglichkeit der innigen Zuwendung zu einem Heimtier wird besonders von Kindern gewünscht und vom Chinchilla gern geduldet. Trotzdem ist ein Chinchilla – wie jedes Heimtier – kein Spielzeug. Erst die Heranführung an ein natürliches Verantwortungsbewußtsein für eine artgerechte Haltung und Pflege ermöglicht es Kindern, die Freundschaft mit einem Chinchilla voll zu erleben.
Zum Wohle der Chinchillas will Ihnen dieses Buch Anregungen geben und Verständnis wecken für die hochinteressante Lebensweise dieser possierlichen Nager. Praktische Ratschläge zu Haltung, Pflege und Fütterung sollen helfen, auftretende Fragen zu beantworten, damit sich Ihr Pflegling rundherum wohl fühlt und Sie Freude an einem langen Chinchillaleben haben.

Herkunft und Geschichte des Chinchillas

Die Chinchillas bilden zoologisch gesehen innerhalb der großen Ordnung der Nagetiere (Rodentia) die kleine, eigenständige Familie der sogenannten Hasenmäuse (Chinchillidae). Diese Familie der Hasenmäuse umfaßt nicht viele Arten, und einige davon haben die menschliche Zivilisation nicht überlebt. Sie wurden unbarmherzig ausgerottet oder an den Rand ihrer natürlichen Existenz getrieben. Die zoologische Systematik kennt heute drei Gattungen dieser seltenen Familie, von denen die dritte Gattung Thema dieses Buches ist.

Die Heimat aller Arten liegt in den südamerikanischen Gebirgsketten der Anden und Kordilleren. Alle zählen zu den sehr geselligen Tieren, die eine dämmerungs- und nachtaktive Lebensweise führen. Den Tag verbringen sie ruhend in steinigen Höhlen oder Felsspalten.

Allen gemeinsam sind der große Kopf und die breite Schnauzenpartie. Die großen Augen und Ohren weisen auf ihre Lebensweise in der Dunkelheit hin. Im Verhältnis zu ihren langen und stark bemuskelten Hinterläufen ist die Vorderhand mit den feingliedrigen und vierfingrigen Pfoten recht kurz. Typisch ist die biologisch einzigartige Struktur des Felles. Die nackten Fuß- und Handsohlen geben im steinigen Gelände sicheren Halt.

Die Gattung Chinchilla umfaßt heute folgende und bekannte Arten:

1. Das ***Kurzschwanz-Chinchilla*** *(Chinchilla chinchilla)* mit den Unterarten Königs-Chinchilla *(Chinchilla chinchilla chinchilla)* und Kleines Kurzschwanz-Chinchilla *(Chinchilla ch. boliviana).*
2. Das ***Langschwanz-Chinchilla*** *(Chinchilla laniger).*

Ursprüngliche Verbreitungsgebiete der Chinchilla-Arten: **1** Heimat der Kurzschwanz-Chinchillas, **2** Heimat der Langschwanz-Chinchillas.

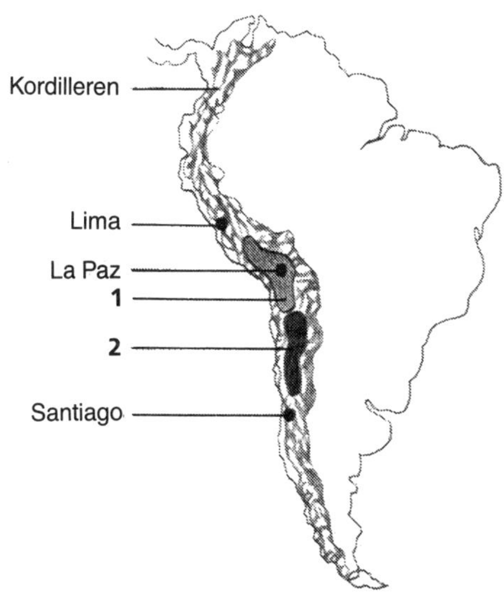

Herkunft

Kurzschwanz-Chinchilla

Chinchilla chinchilla
Bei dieser Art handelt es sich um eine sehr große Form des Chinchillas. Bei einer Körperlänge von 35–38 cm sind die Ohren und der Schwanz im Verhältnis zur Kopf-Rumpflänge und zu anderen Arten relativ kurz. Sein Bestand ist in den Hochanden Boliviens und im Südosten Perus stark gefährdet. 1830 wurde diese Art von Lichtenstein entdeckt und erstmals beschrieben.
Die wohl schönste Unterart des Kurzschwanz-Chinchillas ist das ***Königs-Chinchilla*** *(Chinchilla chinchilla chinchilla)*. Sein wertvolles Fell soll in der Qualität alles andere nahezu in den Schatten gestellt haben. Es war ein Privileg von Königen und Fürsten, sich mit den Pelzen dieser Tiere zu schmücken. Leider scheint diese ebenfalls erst 1830 wissenschaftlich beschriebene Unterart schon vor vielen Jahrzehnten ausgerottet worden zu sein, denn lebende Exemplare sind in Freiheit nie wieder gesehen worden. Wir kennen zwar dürftig die wildbiologische Lebensweise der anderen Arten und können auch Rückschlüsse auf das Königs-Chinchilla ziehen, doch ist es sehr zu bedauern, daß aus Habgier ein uns bekanntes Tier die Erde für immer verlassen mußte.
Die kleinere Unterart des Kurzschwanz-Chinchillas ist das ***Kleine Kurzschwanz-Chinchilla*** *(Chinchilla chinchilla boliviana)*. Seine Körperlänge erreicht nahezu 48 cm, wovon allein 16 cm auf den Schwanz entfallen. Die Ohren sind allerdings um 1–2 cm kürzer als beim Langschwanz-Chinchilla und haben eine Länge von 4–5 cm. Aus wissenschaftlich fundierten Erfahrungen weiß man sehr genau, daß diese aus Nordchile und dem südwestlichen Bolivien stammende Unterart das sehr hohe Lebensalter von 22 Jahren erreichen kann.
Auch diese Art ist in ihrem Wildbestand fast ausgerottet und stark gefährdet. Nachzuchten haben es nie geschafft, als Heimtier gehalten zu werden. Es sind leider nur noch wenige Züchter oder zoologische Gärten, die solch einen kleinen Kurzschwanz-Chinchilla halten und pflegen. Sie uns allen zu erhalten sollte uns eine Verpflichtung sein!

Langschwanz-Chinchilla

Chinchilla laniger
Diese Chinchilla-Art, auch »Wollmaus« oder »Kleiner Chinchilla« genannt, wird heute millionenfach als Pelztier in Farmen gehalten und gezüchtet. In den letzten Jahren eroberte es durch sein interessantes Wesen auch die Herzen der Tierfreunde und hielt Einzug in die Welt der Heimtiere. Diese Entwicklung gibt uns die Möglichkeit, Einblick zu erhalten in die Natur eines einzigartigen Tieres, das in seiner Urheimat Südamerika trotz aller jetzt eingeführten strengen Schutzbestimmungen vor der Ausrottung steht.
Noch bevor die Spanier Südamerika eroberten, war das Langschwanz-Chinchilla

Herkunft

sehr zahlreich verbreitet. Es bewohnte die Küstengebirge in Nord- und Mittelchile sowie das Andenhochland von Bolivien und Südperu. Im Tiefland trat es genausohäufig auf wie in den Anden-Vorgebirgen. Als äußerst geschickter und flinker Kletterer lebte es in den scheinbar öden Felslandschaften. In den Spalten und Höhlen dieser steinigen Umwelt fand das Chinchilla nicht nur Schutz vor Feinden, sondern auch die nötige Tagesruhe als Dämmerungs- und Nachttier. Die spärliche Vegetation dieser Umwelt schuf kein paradiesisches Nahrungsangebot. Allein die vorzügliche und extreme Anpassung an das karge Leben erlaubte es einer Vielzahl dieser Tiere, auf engem Raum zusammenzuleben. Die außergewöhnlich gute Nahrungsverwertung ist die eine Ursache für das Überleben, die andere liegt in ihrem biologisch einzigartigen Fell. Chinchillas kommen auch in Höhen von über 3000 m vor und werden allein durch ihr Fell von dem schneidenden Wind und der Kälte geschützt. Das wunderbar weiche und zartfeine Haarkleid ist silbrig glänzend und oberseits asch- bis platingrau, unterseits und an den Füßen mattgrau oder fast gelblich überflogen. Der lange Schwanz, der eher an ein Eichhörnchen erinnert, ist buschig behaart. Das Haarkleid hat keine wasserabstoßende Funktion, weshalb ein Chinchilla in feuchtem Klima nicht vor Nässe geschützt ist. Sein kostbares samtseidiges Fell wurde dem kleinen, nur 24–28 cm großen Chinchilla zum Verhängnis. Obwohl die indianischen Ureinwohner schon immer Jagd auf Chinchillas

machten, gefährdeten sie diesen niedlichen und friedlichen Nager nie. Sie nutzten das wertvolle Haar zur Herstellung lebenswichtiger Kleidungsstücke, und erst die spanischen Eroberer entdeckten in diesem Pelz eine Art »Gold der Anden«. Die gnadenlose Verfolgung der Tiere begann. Gegen Ende des 19. Jahrhunderts war die Nachfrage auf ihrem Höhepunkt und in Nordamerika und Europa so gewaltig, daß jährlich allein aus Chile über 500 000 Felle ausgeführt wurden. Eine Schonzeit gönnte man dem Langschwanz-Chinchilla nicht, so daß die Bestände schon Anfang des 20. Jahrhunderts erschöpft waren. Das Wildchinchilla wurde zu einer Rarität, und dies nicht nur für die Pelzhändler, sondern vor allem für Tierfreunde, die diesem possierlichen Nager gern eine gesicherte Zukunft gewünscht hätten. Erst 1929 versuchte man, die sinnlose Verfolgung dieser leider noch wenig erforschten Tierart zu unterbinden, und stellte sie gesetzlich unter Schutz. Trotz umfangreicher Naturschutzgesetze ging die Treibjagd auf die äußerst selten gewordenen Chinchillas weiter. Das wertvolle Fell erzielte auf dem internationalen Markt so hohe Preise, daß das Wildern dieser Tiere immer noch ein lukratives Geschäft war.

Daß das Chinchilla uns dennoch als Haustier erhalten blieb, verdanken wir dem amerikanischen Ingenieur M. F. Chapman. Es gelang ihm 1923, elf eingefangene Langschwanz-Chinchillas lebend in die USA zu bringen. Diesem Umstand verdanken wir es, daß die Chinchillazucht in Gefangenschaft weltweit betrieben werden konnte. Aus diesen in Gefangenschaft gehaltenen Langschwanz-Chinchillas bildeten sich die Stammeltern der heute weltweit gepflegten Tiere. Die immer erfolgreicher werdende Zucht in den Pelzfarmen sicherte allmählich auch den kleinen verbliebenen Restbestand freilebender Tiere. Erst seit 1974 kümmert sich die chilenische Regierung intensiv um den Schutz der letzten, zurückgezogen lebenden Chinchillas. Doch man ging in den Bemühungen noch weiter und schuf 1984 das – dringend notwendige – »Las Chinchilla Reservat«. Dem Chinchilla und seiner Erforschung steht somit ein riesiges, streng bewachtes Land zur Verfügung. Dank weltweiter Unterstützung der Tier- und Naturfreunde kann man jetzt hoffen, daß die drohende Ausrottung dieser liebenswerten und hochinteressanten Nager in Zukunft verhindert werden kann. Die Haltung als Heimtier kann in diesem Sinne auch sehr viel zum Verständnis dieser Tiere beitragen, da wir dabei sein Wesen verstehen lernen.

Der Sprung vom Pelzfarmtier zum niedlichen Haustier liegt erst wenige Jahre zurück und begann bei uns in Deutschland in den siebziger Jahren.

Im Laufe der noch kurzen Domestikation des Chinchillas blieb es nicht aus, daß sich Mutationen zu erkennen gaben.

Mutationen sind nichts anderes als Veränderungen in der Erbsubstanz und stellen für den Züchter eine große Herausforderung dar. Von großem Interesse sind Farbmutationen, die sich im Erscheinungsbild durch Farbveränderungen im Fell zeigen. Richtige Chinchillarassen gibt es demnach noch nicht, doch die Begeisterung für die

Farbzucht hat schon einige verschiedenfarbige Chinchillas hervorgebracht. Als wohl erste Farbmutation wurden 1955 weiße Chinchillas in Amerika geboren, und viele Züchter auf der ganzen Welt wollten die begehrte und sensationelle Neuzüchtung auch ihr eigen nennen. Heute dagegen sind Farbveränderungen keine Seltenheit mehr, denn neben dem wildfarbenen Standard gibt es schon viele Farben, die man erwerben kann, z. B. »Black Velvet« (Schwarzer Samt), ein Chinchilla mit samtschwarz gezeichneter Rückenpartie und samtschwarzem Gesicht.

Überlegungen vor dem Kauf

Lassen Sie sich auch bei der Anschaffung eines Chinchillas niemals zu einem unüberlegten Kauf verführen. Auch wenn die Ansprüche eines Chinchillas oftmals als gering eingestuft werden, entstehen Arbeit und Verpflichtungen, die sehr gewissenhaft und regelmäßig erledigt werden müssen. Entscheiden Sie deshalb bitte vorher, ob Sie die sich ergebenden Verpflichtungen langfristig erfüllen können! Gehört ein Chinchilla zu Ihren Wunschtieren, so kann die Beantwortung der folgenden Fragen Klarheit schaffen, ob man wirklich ein Chinchilla halten kann:

- Können Sie dem Chinchilla seine notwendige Tagesruhe lassen und es als Dämmerungs- und Nachttier respektieren?
- Ist die tägliche Pflege und Fütterung gewährleistet? Haben Sie eine Stunde am Tag Zeit zum Spielen und Streicheln?
- Zahm werden kann ein Chinchilla nur, wenn man sich oft mit ihm beschäftigt. Können Sie diese Zeit regelmäßig und gern aufbringen?
- Haben Sie einen ausreichenden und ruhigen Platz für den großräumigen Chinchillakäfig?
- Haben Sie Verständnis dafür, daß Sägespäne und Futter aus dem Käfig heraus auf den Boden fallen?
- Kann Ihr Chinchilla, wenn auch nur zeitweise und unter Aufsicht, außerhalb des Käfigs frei herumlaufen?
- Was machen Sie mit Ihrem Chinchilla, wenn Sie in den Urlaub fahren? Wir dürfen nie vergessen, daß jedes Haustier unbedingt in die Ferienplanung einbezogen werden muß. Wie kann das Tier versorgt werden, wenn Sie für längere Zeit abwesend sind?

Die aufrichtige Beantwortung dieser Fragen sollte vor der Entscheidung über eine Anschaffung stehen. Nur so ist eine vernünftige und artgerechte Haltung über Jahre hinweg zum Wohlergehen des Tieres und zur Freude des Halters gewährleistet. Bestehen keine Bedenken, steht dem Kauf nichts mehr im Wege, und die Vorbereitungen können beginnen.

Wie alt wird ein Chinchilla?

Unter artgerechten Lebensbedingungen können Chinchillas ein Lebensalter von 15 Jahren erreichen. Tiere, die noch älter werden, sind keine Ausnahme. Durch diese recht hohe Lebenserwartung zählen Chinchillas zu den langlebigen Heimtieren, und sie können mit ihrem freundlichen Wesen für viele Jahre eine lebendige Bereicherung für die ganze Familie sein. Erst nach dem 10. Lebensjahr beginnt ein Chinchilla zu altern, und die Vitalität läßt langsam nach. Man hat nun kein junges Tier mehr, und man muß jetzt dringend darauf achten, daß es sich nicht überfrißt und Fett ansetzt. Das tägliche Futter muß jetzt genau

auf seine Bewegungsmöglichkeiten und den Auslauf abgestimmt werden.
Ein dickes Chinchilla hat eine geringere Lebenserwartung, da Herz-, Kreislauf- und Stoffwechselerkrankungen den Alterungsprozeß beschleunigen können.
Beachtet man diese Grundsätze, schützt man die zweite Lebensphase und erhält zum Dank ein prachtvolles Tier bis ins hohe Alter.

Ein oder zwei Chinchillas?

Ein Tierfreund, der ein Chinchilla erwerben möchte und noch keinerlei Erfahrungen besitzt, sollte am Anfang nur ein Chinchilla halten. Die gegenseitige Zuneigung zwischen Tier und Mensch wird intensiver, man lernt sich leichter und schneller kennen und verstehen. Das aufmerksame und neugierige Verhalten des Chinchillas trägt maßgeblich dazu bei, daß es beim Spielen mit dem Pfleger rasch zahm wird und sich in seiner Umgebung wohl fühlt. Das einzeln gehaltene Chinchilla ist dadurch jedoch sehr abhängig vom Menschen, da es die liebevolle und regelmäßige Kontaktaufnahme dringend benötigt. Deshalb sind die tägliche Ansprache und viele Streicheleinheiten genauso wichtig wie das regelmäßige Futter. Da sich Chinchillas tagsüber ausruhen, kann man sie ohne Probleme in dieser Zeit allein lassen, denn sie brauchen diese Stunden für Ruhe und Schlaf. Für berufstätige Menschen oder Jugendliche, die tagsüber zur Schule gehen, ein optimales Wunschtier, mit dem man sich am Abend oder in den frühen Morgenstunden beschäftigen kann. Unser kleiner Freund kennt »seine« Zeiten und wartet dann schon aufgeregt in seinem Käfig.
Obwohl die Betreuung eines einzelnen Chinchillas mehr Verantwortung und Zeit erfordert, schafft sie doch weit weniger Probleme als die Paar- oder Gruppenhaltung. Wenn man ein Pärchen halten möchte, sollte besonders darauf geachtet werden, daß man sehr junge Chinchillas vergesellschaftet. Ältere Tiere oder unterschiedlich alte Chinchillas vertragen sich oft nicht miteinander, so daß man ständig auf seine Tiere aufpassen muß. Das Beißen ins eigene Fell und Bisse untereinander sind die Folge, wenn unverträgliche oder fremde Tiere unüberlegt zusammengesetzt werden und man keine Kontrolle ausübt. Wenn Sie also zwei fremde Chinchillas zusammen halten wollen, müssen Sie dafür sorgen, daß sich die Tiere vorher kennenlernen können, und sie – falls sie sich nicht vertragen – wieder trennen.
Hier kann ein freier Auslauf sehr dazu beitragen, daß intensive Kontakte geknüpft werden. Auch dies erfordert Geduld und Ausdauer. Häufig sind die Ansprüche einzeln gehaltener Tiere so groß und die Lebensweise so unterschiedlich, daß sie sich nur sehr schwer an einen Artgenossen im gleichen Käfig gewöhnen.
Wer also unbedingt zwei Chinchillas halten möchte, sollte zwei Jungtiere zusammensetzen. Dabei ist die Kombination zweier Weibchen – auch Mutter und Tochter – oder Männchen und Weibchen

empfehlenswert. Zwei Männchen vertragen sich nicht. Natürlich muß der Käfig dann entsprechend groß sein, damit sich die Tiere nicht ständig »auf die Füße treten«. Wenn das einzelne Chinchilla zu wenig Platz hat und dem Mitbewohner nicht ausweichen kann, führt dies schnell zu Streitereien.

Wenn man sich für ein Chinchillapärchen entscheidet, darf man die Frage, was mit dem Nachwuchs geschehen soll, nicht aus dem Auge verlieren! Der Freundes- und Bekanntenkreis ist bald versorgt, und nicht jeder verfügt über einen befreundeten Zoofachhändler, der in der Lage ist, die überzähligen Chinchillababys abzunehmen. Damit unseren kleinen Chinchillas nicht ein ungewisses Schicksal bevorsteht, ist es am besten, wenn Sie das Chinchillamännchen von einem Tierarzt kastrieren lassen.

Der richtige Platz für den Käfig

Damit das Chinchilla sich wohl fühlt, sollte der Standort des Käfigs seinen Bedürfnissen angepaßt sein. Dank seinem Fell kann ein Chinchilla eher Kälte vertragen und sollte daher niemals in überheizten Räumen untergebracht sein. Die trockene und warme Luft in Heizkörpernähe ist während der langen Heizperiode in unseren Breiten für unser Chinchilla gesundheitsschädlich und trägt nicht zum Wohlergehen bei. Auch vor Zugluft muß der Käfig geschützt sein, denn auch der widerstandsfähigste Chinchillaorganismus ist anfällig gegenüber Zugluft. Das Raumklima kann zwar trockene Luft von 45—60% Luftfeuchtigkeit enthalten, die Temperaturen sollten jedoch nur zwischen 15 und 21 °C liegen, wenn optimale Bedingungen für unseren neuen Hausgenossen geschaffen werden sollen. Zwar lieben Chinchillas einen sehr hellen Platz, doch die intensive Sonnenbestrahlung direkt am Fenster gefällt ihnen nicht. Ein Feind der Sonne sind Chinchillas jedoch nicht — hereinscheinende Morgen- oder Abendsonne genießen sie in vollen Zügen.

Zu den wichtigsten Bedingungen für ein gesundes Raumklima gehört auch die gute Belüftung, die wir dadurch gewährleisten, daß das Fenster häufiger geöffnet wird. In der heißen Jahreszeit wird es im Zimmer dadurch oft noch wärmer, so daß wir besser am Abend oder nachts lüften.

Völlig ungeeignet sind folgende Standorte: Dachböden ohne Isolierung gegen Kälte und Hitze, Waschküchen, feuchte Keller, Heizungskeller, zugige Flure, Küchen, Toiletten, stickige und verrauchte Räume, dunkle Kammern, Abstellkammern, Garagen und gegen Feuchtigkeit schlecht isolierte Stallungen. Niemals sollte der Käfig neben dem Fernseher, Radio, der Stereoanlage oder einem Tonverstärker stehen, da das feine Gehör der Chinchillas dröhnende Dauergeräusche nicht verträgt. Häufiger Lärm kann Streß hervorrufen, der eine erhöhte Reizbarkeit auslöst, ohne daß wir verstehen, warum unser friedfertiger »Chinchi« sich plötzlich so gereizt verhält.

Kauf

Sobald der richtige Ort für das neue Chinchillaheim gefunden ist, kann der Käfig aufgestellt werden. Dabei ist zu beachten, daß er nicht unten auf dem Boden steht, sondern gut sichtbar auf halber Höhe, möglichst mit einer Käfigseite an der Wand. Auch eine geschützte Ecke eignet sich gut. Durch den erhöhten Stand können Sie Ihren neuen Freund viel besser beobachten und mit ihm spielen, und das Chinchilla fühlt sich nicht von oben her bedroht.

Wenn die Tiere gut aneinander gewöhnt sind, kann man auch zwei Chinchillas zusammen halten.

Der richtige Standort des Käfigs ist für die Gesundheit des kleinen Nagers besonders wichtig! Am besten eignet sich eine ruhige, helle und zugfreie Ecke, in der der Käfig in Sichthöhe untergebracht werden kann.

Tips für den Chinchillakauf

Der Kauf eines Chinchillas ist nicht nur Vertrauenssache, sondern erfordert auch einige Vorkenntnisse. Ein spontaner Kauf ist selten mit Vernunft verbunden. Vor allem der interessierte Anfänger sollte sich vor

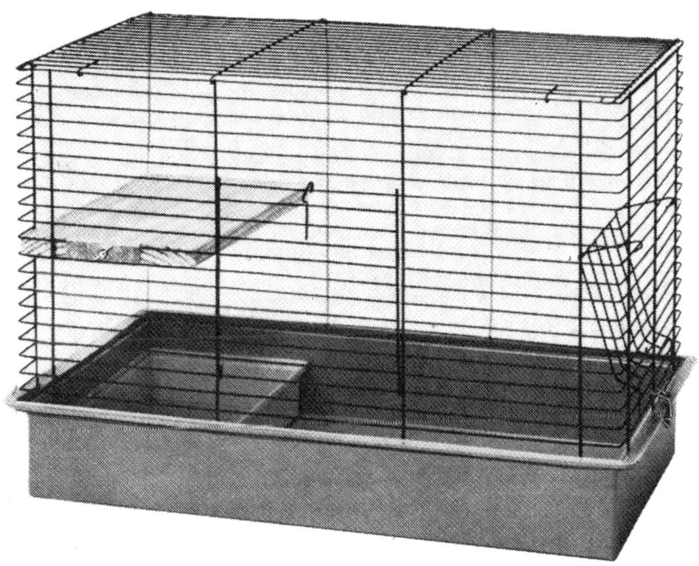

Kauf

einer Anschaffung gut informieren, damit es später keine Enttäuschungen gibt.
Wo bekommt man nun ein Chinchilla? Wenn nicht gerade in Ihrer Nachbarschaft oder im Bekanntenkreis Jungtiere abzugeben sind, sollte ein erfahrener Züchter für den Erwerb eines Chinchillas unsere Anlaufstelle sein. Individuelle Ratschläge für das gekaufte Tier sind hier selbstverständlich. Leider geben Großzüchter nur sehr selten ganz junge Tiere ab. In den meisten Fällen sind abgabefähige Chinchillas beim Züchter schon 6—10 Monate alt. Selbstverständlich sind dies noch Jungtiere, doch hätte man mit 3—5 Monate alten Chinchillas einen etwas leichteren Start für die Eingewöhnung. Sehr erfahrene Züchter erkennen oftmals frühzeitig, ob sie ein Jungtier für die Zucht oder für die Fellgewinnung gebrauchen können. Da wir für die Heimtierhaltung andere Kriterien bewerten, können wir ein nicht für die Pelzgewinnung geeignetes Tier erwerben. Gerade solch ein Chinchilla zu retten, ist für tierliebe Menschen ein wichtiger Grund.
Die einfachste Möglichkeit, ein junges Chinchilla zu erwerben, bieten die Zoofachgeschäfte und Zooabteilungen der Kaufhäuser. Die gute Beratung und das vollständige Sortiment des Chinchillazubehörs erleichtern uns den Kauf. Dabei sollten wir den Käfig samt Einrichtung schon einige Tage zuvor kaufen und an seinen festen Platz stellen. Sollte im Moment der Nachfrage kein Tier erhältlich sein, wird man Ihnen in jedem guten Zoofachgeschäft gern behilflich sein und nach Ihren Wünschen und Vorstellungen ein Chinchilla bestellen. In den meisten Fällen werden dann mehrere Jungtiere besorgt. So eine Bestellung verpflichtet nicht zum Kauf, denn erst muß man das Tier sehen und begutachten, bevor man sich dafür entschließt.
Der Anschaffungspreis ist bei Chinchillas noch recht unterschiedlich und schwankt zwischen 50 und 100 DM. Häufig ist die dunkle Fellfarbe ausschlaggebend für einen höheren Preis.
Nun wollen wir den Wunsch nach einem Chinchilla in die Tat umsetzen! Nehmen Sie sich bitte dafür viel Zeit und handeln Sie nicht übereilt. Der späte Nachmittag ist für einen Kauf immer am günstigsten, weil die Chinchillas dann munter werden und sich leichter begutachten lassen. Auch der Umzug ins neue Heim und in eine fremde Umgebung läßt sich während der aktiven Phase für das Chinchilla wesentlich leichter ertragen. Auch wenn der erste possierliche Anblick eines »Chinchi« uns im Geschäft leicht verführt, sollte man nicht nur das Tier selbst, sondern auch seine Umgebung betrachten. Die hygienische Unterbringung kann für den Gesundheitszustand des Tieres entscheidend sein. Man kontrolliert das gereichte Futter sehr genau und achtet auf die artgerechte Ernährung. Wird das Chinchilla nicht richtig ernährt, kann eine spätere Futterumstellung sehr schwierig sein und darf nur langsam vorgenommen werden. In der Einstreu darf sich kein glänzend feuchter Kot befinden, da dies auf leichten Durchfall hindeutet. Kot von gesunden Tieren ist trocken und fest.
Dem Verhalten der Tiere sollten Sie besondere Aufmerksamkeit schenken! Ge-

Kauf

wöhnlich verschlafen Chinchillas den Tag, sie sitzen dann in leicht geduckter Stellung im Schlafhaus oder auf einem Sitzbrett. Ihre Augen sind dabei mehr oder weniger fest geschlossen. Selbst aus tiefstem Schlaf geweckte Tiere müssen spätnachmittags sehr schnell munter sein und ein neugieriges Verhalten zeigen. Von geweckten Tieren, die sich nicht bewegen wollen und weiterhin träge und verkrampft in der Ekke sitzen, sollte beim Kauf Abstand genommen werden, denn ein gesundes Tier reagiert nicht so.

Die Augen sollen klar und dunkel erscheinen und im wachen Zustand nicht verkniffen sein. Auch ein geschlossenes Auge oder gar eine Sekretabsonderung sollte uns vom Kauf abhalten.

Ein gesundes Fell ist samtseidig und flauschig weich, und es zu streicheln ist ein Gefühl, das man nie vergessen wird. Kahlstellen lassen auf Fellbeißen schließen und sind ebenso abzulehnen wie ein struppiges und stumpfes Pelzchen. Das leichte und zarte Fell in der Afterregion muß trokken und locker sein und darf keinerlei Hinweise auf Verklebungen und Verfilzungen zu erkennen geben. Im letzteren Fall könnte eine Krankheit vorgelegen haben, deren Ursache wir nicht kennen. Bei mangelhafter Fellbeschaffenheit liegt im allgemeinen ein schlechter Ernährungszustand vor, der häufig eine labile Gesundheit zur Folge hat.

Abschließend möchte ich noch jedem Anfänger folgenden Rat geben, wenn er sich zum Kauf eines bestimmten Tieres entschlossen hat: Lassen Sie sich genau zeigen und erklären, ob es sich um ein Weibchen oder ein Böckchen handelt. Noch viel wichtiger ist das richtige Aufnehmen und Tragen des Tieres. Jeder Züchter und Zoofachhändler sollte es Ihnen beim Kauf erläutern und vorführen, damit es daheim keine Probleme gibt.

Chinchillas kauft man am besten am späten Nachmittag, wenn die nachtaktiven Tiere munter werden.

Das neue Zuhause

Für eine artgerechte und problemlose Chinchillahaltung ist ein geräumiger und stabiler Käfig das Wichtigste. Chinchillas sind bewegungsfreudige Tiere, die nur dann ausgeglichen und zufrieden sind, wenn ihr Heim ihnen genügend Platz bietet. Ein guter Käfig dient daher nicht nur zur Unterbringung, sondern ist Lebensraum für viele Jahre. Nur wenn ein Chinchilla sich in seinem Revier wohl fühlt, können wir Verhaltensstörungen vermeiden und die Freude erleben, die wir uns mit einem Chinchilla wünschen. Sparen Sie also nicht am Käfig, sondern achten Sie vielmehr auf hochwertige Qualität, die den Bedürfnissen Ihres Chinchillas entspricht. Der Zoofachhandel bietet heute schon eine Vielzahl von Käfigmodellen an, die alle den Ansprüchen gerecht werden und sich sehr leicht für eine Chinchillahaltung einrichten lassen. Da Zubehör und Käfigeinrichtung sehr viel Platz beanspruchen, sollten die Maße für eine ideale Chinchillawohnung 70 × 45 × 50 cm (Länge × Breite × Höhe) nicht unterschreiten, damit noch genügend Bewegungsraum für das Tier besteht.

Einrichtung

Der Chinchillakäfig

Der geeignete Chinchillakäfig muß robust und leicht zu säubern sein. Die Vergitterung sollte aus nagetiersicherem (kein Kunststoff!) und rostfreiem Material bestehen. Von Käfigen in leichter Bauweise ist daher aus Gründen der Sicherheit abzuraten. Betrachten wir die im Zoofachhandel erhältlichen Modelle, so bevorzugen wir ferner nur Käfige mit einer hohen Bodenschale, damit bei den lebhaften Bewegungen unseres Chinchillas nicht soviel Einstreu aus dem Käfig herausfällt. Die ideale Schalenhöhe beträgt für Chinchillas 10–14 cm und sollte nicht darunter liegen. Die Unterschale muß aus Metall oder Hartplastik sein, da Chinchillas Plastikwannen zernagen und an aufgefressenen Plastikteilen sterben können.
Hartplastik- und Metallwannen lassen sich auch bequem auswaschen und erleichtern uns die Reinigung und Desinfektion. Üble Gerüche durch urindurchtränktes Holz können so nicht mehr entstehen. Aber auch bei Metallunterschalen wird es die empfindliche Nase des Chinchillas danken, wenn man die kleinen Urinecken aus der Einstreu regelmäßig entfernt.

Handelsüblicher Chinchillakäfig mit einer Sandbadewanne aus Metall, die mit einem Holzbrett verschließbar ist. Zur Käfigeinrichtung gehören neben den Futter- und Trinkgefäßen auch noch eine Raufe für das Heu, ein Schlafhäuschen mit Sitzbrett und einige Äste zum Klettern und Benagen. Der Käfig darf daher nicht von vornherein zu klein gewählt werden!

Beim Käfigoberteil gibt es zwei Varianten, die für unsere Zwecke geeignet erscheinen. Entweder hat das Gitter eine große Öffnungsklappe an der Vorderseite, oder das Käfiggitter läßt sich von oben öffnen. Ersteres wird am häufigsten für spezielle Chinchillakäfige verwendet, weil das Tier bequem herausklettern und ebensoleicht wieder hineinsteigen kann. Die andere Variante gibt uns mehr Hantierungsmöglichkeiten, und obendrein läßt sich ja ein zahmes Chinchilla gern herausnehmen.
Grundsätzlich sollte das Oberteil an der Unterschale aufgesetzt sein und nicht in die Schale hineinragen. Auch wenn das Gitter noch so stabil und rostfrei beschaffen ist, sollte es nicht der Urinnässe ausgesetzt sein, da langfristig die Verbindungsnaht der Streben angegriffen werden kann.
Aus Gründen der Raumersparnis verwenden viele Züchter Käfige, die kaum 45 × 45 × 50 cm groß sind. Nach meiner Erfahrung sind derart kleine Gehege für eine langfristige und artgerechte Haltung nicht geeignet. Nicht nur die zarte Chinchillaseele, sondern auch die Gesundheit könnte Schaden erleiden. Die handelsüblichen Zwergkaninchenställe von 70 × 45 × 42 cm sind ideal und eignen sich schon recht gut für die Unterbringung eines einzelnen Tieres. Können wir darüber hinaus Käfige erwerben, die bei diesen Maßen eine Höhe von 50 cm aufweisen, erreichen wir eine optimale Nutzhöhe, die man bestens für eine Einrichtung verwenden kann. Eine Alternative, die man immer häufiger beobachten kann, liegt in einem sehr geräumigen Papageienkäfig. Nicht

nur die Stabilität, sondern auch die Höhe ist für ein Chinchilla optimal, allerdings muß man zernagbare Plastikunterschalen gegen Metallwannen austauschen. Da Chinchillas gerne springen, können hier Sitzbretter in verschiedenen Höhen angebracht werden. Eine Einrichtung in dieser Art kommt der Natur der Tiere sehr entgegen.

Große Vollglasaquarien sind wegen der mangelhaften Luftzirkulation und einem zu befürchtenden Wärmestau nicht geeignet. Geräumige Terrarien mit Lüftungsfeldern und in den Mindestmaßen von einem Meter können verwendet und naturgetreu eingerichtet werden. Ein Wärmestau ist hier nicht zu erwarten, wenn ausreichende Lüftungsfelder für Luftaustausch sorgen.

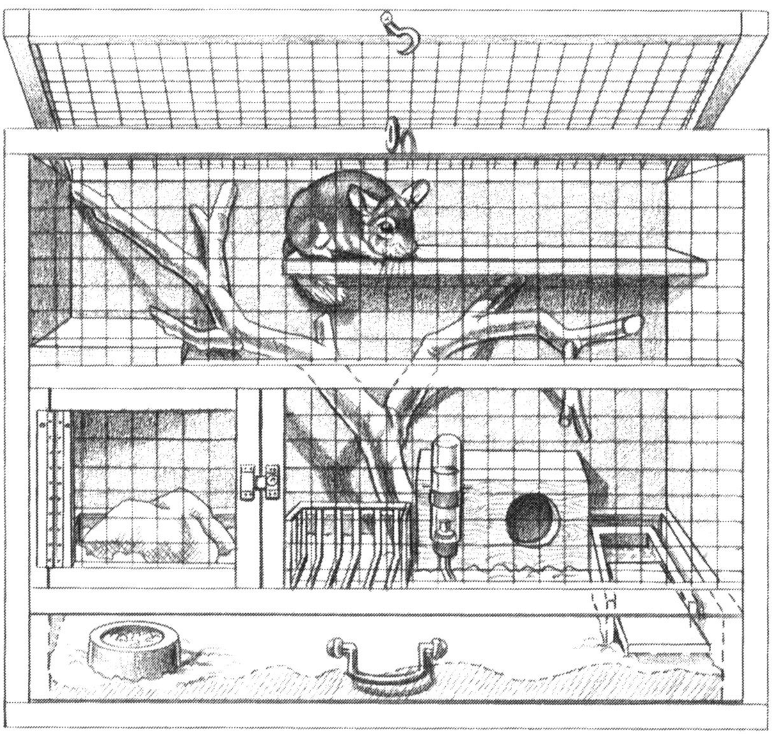

Eingerichteter, selbstgebauter Chinchillakäfig.

Die kleine Gesellschafts-anlage

Wenn wir mehrere Chinchillas halten wollen, müssen die Maße eine solchen Geheges natürlich deutlich größer sein als bei der Einzelhaltung. Wir benötigen zwar keine doppelte Einrichtung, doch sollten die Tiere so viel Bewegungsfreiheit haben, daß sie sich nicht gegenseitig behindern. Vergesellschaftet man ein Pärchen Chinchillas, sollten die handelsüblichen Grundmaße von 80 × 50 × 50 cm nicht unterschritten werden. Optimal sind sogenannte Großraumkäfige mit einer Größe von 120 × 50 × 50 cm. Die Länge reicht aus, um die beiden Schlafhäuschen weit genug voneinander entfernt anzubringen. Jeder der kleinen Pfleglinge hätte somit genügend Eigenraum für eine freie Entfaltung, denn nichts ist verheerender, als wenn sich die Tiere in Ausnahmesituationen zu sehr auf den Pelz rücken. Noch mehr als in der Einzelhaltung sind Gesellschaftskäfige für Chinchillas Ersatzlebensräume. Sie müssen genügend Bewegungsraum aufweisen und so beschaffen sein, daß die Tiere sich darin wohl fühlen und vielleicht auch vermehren können. Fühlen sich Chinchillas in ihrer Lebensweise eingeengt und bedrängt, können sie zu Beißern werden, obwohl sie sich sonst recht gut vertragen. Handwerklich geschickte Bastler können ein typisches Chinchillagehege leicht selbst bauen. Den Maßen ist nach oben keine Grenze gesetzt, und mit viel Phantasie kann ein schöner Lebensraum geschaffen werden. Der Selbstbau lohnt sich aber nur, wenn wir ihn für mehrere Tiere verwenden, da kleinere Käfige für die Einzelhaltung im Handel günstiger zu erwerben sind.

Da das Chinchilla ein sehr kräftiges Nagetier ist, müssen die Materialien für den Gehegebau stabil und sicher sein. Normaler Maschendraht (= Kaninchendraht) ist zu schwach. Das Gehege muß daher aus verzinktem, punktgeschweißtem Drahtgitter angefertigt werden, das man innen an vorgefertigten Holzrahmen mit der Heftpistole anbringt. Für den Gehegeaufbau verwenden wir nur Harthölzer, da sie widerstandsfähiger sind und mehr Stabilität verleihen. Dabei achten wir auf eine biologische und umweltfreundliche Imprägnierung der Hölzer, die wir aus Gründen der Sicherheit selbst vornehmen. Mit chemischen Mitteln behandelte Hölzer können in den meisten Fällen giftig sein, weshalb sie auch für die Heimtierhaltung völlig ungeeignet sind. Fertige Vorsatzgitter mit Türchen erhalten Sie in verschiedenen Größen über den Zoofachhandel. Eine Bodenwanne aus Zinkblech fertigt der Klempner an. Achten Sie beim Zusammenbau auf Drahtenden oder vorstehende Nägel, an denen sich die Tiere verletzen können. Kanten, die nicht benagt werden sollen, schützt man mit verzinktem Blech. Teile, die vom Chinchilla benagt werden (z. B. das Schlafhäuschen), müssen frei von Nägeln und Schrauben sein, damit sich unser Haustier nicht verletzt. Zu guter Letzt: Achten Sie auf Ausbruchsicherheit!

Die Chinchilla-Höhle

Entsprechend ihrer Natur ziehen sich Chinchillas tagsüber gern in eine Höhle zurück. Das Schlafhäuschen oder der Unterschlupf hat aber auch eine Schutzfunktion gegen von außen einwirkende Störungen wie z. B. Licht und Geräusche. Da Chinchillas bekanntlich erst abends aktiv werden und wir in unseren Wohnungen nicht immer für völlige Tagesruhe sorgen können, ist der Unterschlupf für unser Chinchilla ein wichtiger Einrichtungsgegenstand, der schon vor dem Einzug an seinem Platz oben im Käfig angebracht sein muß.

Für ein trächtiges Weibchen ist ein Schutzkasten gleichzeitig eine notwendige Nesthöhle für sich und ihre zu erwartenden Jungen. Da wir solch einen Unterschlupf im Fachhandel leider kaum erwerben können, sind wir gezwungen, selbst handwerklich aktiv zu werden. Die Konstruktion ist denkbar einfach, und das Material sollte aus dickem und massivem, unbehandeltem Hartholz sein, damit es nicht in kurzer Zeit schon zernagt ist. Ein Häuschen mit den Maßen 25 × 18 × 18 cm ist optimal und von der Größe her mehr als ausreichend. Der zu bauende Kasten bleibt an der Vorderseite offen, und nur eine etwa 2 cm breite Leiste am oberen und unteren Rand verringert die Einschlupfhöhe um

Alle Chinchillas brauchen ein Schlafhäuschen, in das sie sich tagsüber zurückziehen können.

4 cm auf insgesamt 14 cm. Ein solches Schutzhäuschen hat obendrein noch eine Doppelfunktion und dient gleichzeitig als Sitzbrett für die aktive Zeit des Tages. Sie können aber auch ein Schlafhäuschen mit geschlossener Vorderseite und Einschlupfloch bauen. Es sollte jedoch oben aufklappbar sein, damit man es eventuell säubern kann. Als Alternative zum Holzkasten können auch Gefäße aus anderen Materialien verwendet werden. In einem meiner Käfige habe ich einen alten Steingutkrug eingesetzt. Er wurde sehr gern angenommen und hat den Vorteil, daß er nicht zerknabbert werden kann. An welcher Stelle das Häuschen angebracht wird, hängt vom Geschmack Ihres Chinchillas ab. Meist wird eine der oberen Käfigecken bevorzugt, am besten in Kombination mit einem Sitzbrett oder Kletterast. Es gibt aber auch Chinchillas, die lieber auf dem Boden schlafen – ihnen stellt man ihre Höhle unten in die Einstreu.

Das Sitzbrett

Da Chinchillas gern erhöht sitzen und nicht immer am Boden kauern, gönnen wir ihnen die Freude und bringen ein oder zwei stabile Sitzbretter in unterschiedlicher Höhe im Käfig an. Mit dem Einbau des Unterschlupfes haben wir bereits ein hohes Sitzbrett im Käfig, und ein zweites können wir leicht auf der anderen Seite der Chinchillawohnung anbringen. Man hat viel Freude daran, wenn man erleben kann, wie unser »Chinchi« aus erhöhter Lage seine ganze Umgebung genau beobachtet. Obendrein sorgen wir auch für Bewegungsmöglichkeiten, denn in blitzschnellen Bewegungen erspringen sie ihren Hochsitz. Wenn wir also gewillt sind, viel Abwechslung in den Käfig zu bringen, sollten wir auf ein Sitzbrett nicht verzichten.

Die Badeschale

Das Sandbad spielt für einen Chinchilla eine sehr wichtige Rolle bei der natürlichen Fellpflege. Wir dürfen darauf nicht verzichten. Handelsübliche, mit einem Brett verschließbare Badewannen bestehen aus verzinktem Blech. Plastikschalen sind kein Ersatz, werden leicht angeknabbert und können für das Chinchilla lebensgefährlich sein. Ist der Käfig bereits fertig eingerichtet, können wir auch eine nicht verschlossene Wanne verwenden, die wir nach dem Sandbad von 10–15 Minuten wieder aus dem Käfig herausnehmen. Eine offene Wanne müssen wir deshalb immer aus dem Käfig entfernen, da sich durch das intensive Wälzen der Sand im Käfig verteilt und das Futter verunreinigt wird. Verschließbare Sandbadeschalen öffnen wir täglich für eine gewisse Zeit, bis das Chinchilla seine Fellpflege erledigt hat. Für die Sandfüllung benötigt man einen sehr feinen Spezialsand (kein Vogelsand o. ä.!), der in Zoofachhandlungen erhältlich und durch nichts anderes zu ersetzen ist.

Unser Chinchilla genießt sein tägliches Sandbad!

Futter- und Trinkgefäße

Schwere und kippsichere Futternäpfe, die sich leicht reinigen lassen, sind für das Futter am besten geeignet. Im allgemeinen werden die handelsüblichen Steingut- oder Porzellannäpfe verwendet, da sie sich bestens bewährt haben. Eine echte Alternative zu den Näpfen stellen die Futterautomaten dar. Sie werden mittels einer Haltevorrichtung an das Gitter des Käfigs gehängt, sind in den meisten Fällen aus reinigungsfreundlichem Blech und beanspruchen im Käfig selbst keinen Platz. Verunreinigungen des Futters sind dadurch völlig ausgeschlossen. Für Heu ist das Anhängen einer Heuraufe dringend zu empfehlen. Heu ist eines der wichtigsten Nahrungsmittel der Chinchillas, und eine Heuraufe verhindert die Verschmutzung durch Sand, Urin und Kot. Gleichzeitig läßt sich durch eine Raufe die Heumenge leichter abmessen.
Als Trinkgefäß verwenden wir am besten die speziellen Tränken für Meerschweinchen und Zwergkaninchen. Solche Trinkflaschen lassen sich leicht am Käfig befesti-

gen, und unser Chinchilla kann die benötigte Wassermenge tropfenweise ansaugen.

Die Einstreu

Damit unser neuer Hausgenosse nicht auf dem nackten Käfigboden sitzt, müssen wir die Unterschale mit einer Einstreu versehen, die nicht zu hart und gleichzeitig hygienisch ist. Das früher als Einlage verwendete Stroh hat sich wenig bewährt und wird heute kaum noch verwendet. Nicht jedes Stroh ist saugfähig, und die Gefahr, daß das empfindliche Chinchillafell mit Feuchtigkeit in Berührung kommt, ist nicht zu unterschätzen. Meist kann man auch nicht verhindern, daß verunreinigtes Stroh gefressen wird und das Tier krank wird. Aus diesen Gründen ist man dazu übergegangen, eine handelsübliche Kleintierstreu aus Holzspänen zu verwenden. Hobelspäne sind in grober und feiner Form saugfähig und hygienisch. Die feuchten Späne aus den Urinecken lassen sich leicht entfernen, und es entstehen keine unangenehmen Gerüche für Tier und Mensch, wenn wir einmal in der Woche die gesamte Einstreu austauschen. Doch Vorsicht! Nicht alle Späne sind geeignet: Einwandfreie Streu erhält man im Zoofachhandel oder aus einem Sägewerk, in dem Rohholz verarbeitet wird. In holzverarbeitenden Werken Späne zu erwerben, sollte immer mit größter Vorsicht geschehen. Häufig werden in solchen Werken

Durch das Benagen von Holz nutzt unser Chinchilla seine ständig nachwachsenden Nagezähne ab. Im Käfig sollten deshalb immer einige Äste oder Holzstücke angebracht sein.

(Möbelfabriken, Tischlereien) gebeizte, imprägnierte und mit Farbanstrichen versehene Hölzer verarbeitet, die durch ihre chemische Behandlung gesundheitsschädigende Gifte enthalten. Um ganz sicherzugehen, verwenden wir nur naturbelassene Einstreu, die wir trocken lagern.

»Hausrat« zum Nagen und Spielen

Spielzeug, wie wir es von anderen Heimtieren kennen, benötigt unser Chinchilla nicht. Die ständige Beschäftigung mit dem Menschen bringt genügend Abwechslung in sein Leben. Dennoch können wir ihm mit etwas Phantasie den Aufenthalt im Käfig interessanter gestalten. Schon eine Röhre aus Ton oder verzinktem Blech mit einem Durchmesser von 10—12 cm und einer Länge von 20—30 cm kann eine enorme Abwechslung bringen. Größere Holzstücke mit Rinde und Zweige aus Weichholz sorgen für Unterhaltung und befriedigen den natürlichen Nagetrieb, den man nicht unterschätzen sollte. Chinchillas haben wie alle Nager ständig nachwachsende Nagezähne. Wenn diese nicht durch Benagen von Holz ständig abgenutzt werden, werden sie zu lang und behindern das Tier beim Fressen.

Unser Chinchilla kommt ins Haus

Mit dem Kauf beginnt für unser Chinchilla ein neuer und alles entscheidender Lebensabschnitt. Für das kleine und verängstigte Wesen ist jeder Wechsel in eine fremde Umgebung mit viel Aufregung verbunden. Erst war es der Verlust von Mutter und Geschwistern und dann der Transport in die neue Umgebung beim Zoohändler. Das Übersiedeln in unsere Wohnung bringt verständlicherweise erneut Aufregungen und Ängste mit sich, die man aber mit Liebe und Verständnis lindern kann. Je schneller wir zu Hause sind, desto geringer ist auch die Beunruhigung des kleinen Chinchillas. Wenn wir dann noch den vom Zoofachhändler zur Verfügung gestellten Transportbehälter ruhig tragen und jeden streßauslösenden Lärm vermeiden, wird unser Chinchilla den Umzug ohne Schaden überstehen, und der große Moment beim Einzug ins neue Heim vollzieht sich problemlos.

Eingewöhnung

Bevor wir das Chinchilla aus seinem Transportkasten befreien, haben wir selbstverständlich schon alles vorbereitet, und das neue Heim ist bezugsfertig eingerichtet. Einstreu, reichlich Heu, Sitzbrett und ein Futternapf mit einer ihm bekannten Lekkerei sowie das gefüllte Trinkröhrchen gehören zur ersten Einrichtung und erleichtern die Eingewöhnung in der fremden Umgebung.

Beim Einsetzen in den Käfig greifen Sie bitte das Tier nicht aus dem Kasten heraus, sondern lassen es in aller Ruhe allein in den Käfig springen. Dazu kann man den geöffneten Transportbehälter in den Käfig stellen oder ihn an das offene Türchen halten. Wir sind in diesem Moment genauso aufgeregt und neugierig wie das kleine »Chinchi«, und wir sind ihm ebenso fremd, wie es auch für uns ein unbekanntes Wesen darstellt. Verhalten Sie sich bitte in diesem Augenblick sehr ruhig, da fremde und sonderbare Geräusche das Tier in Unruhe versetzen können. Das Gehör ist beim Chinchilla viel besser entwickelt als bei uns Menschen, weshalb es höhere und tiefere Töne wesentlich stärker wahrnimmt. Auch hastige Bewegungen erschweren die ersten Augenblicke im neuen Heim. Bewegen Sie sich daher am Anfang ganz ruhig, und greifen Sie nicht nach dem Tier.

Damit sich das Tier rasch eingewöhnt, müssen Sie jetzt viel Verständnis aufbringen und geduldig abwarten, bis sich unser Chinchilla auf seine neue Umgebung eingestellt hat. Bald bewegt sich seine schnuppernde Nase neugierig und erkundet aufmerksam sein neues Heim. Sein anfängliches Mißtrauen ist völlig normal und reguliert sich von selbst, wenn erst einige Stunden vergangen sind. Seien Sie also bitte nicht ungeduldig, gönnen Sie ihm

die Zeit, sich einzuleben, und sprechen Sie es am Käfig leise an, damit es sich ohne Aufregung an Ihre Stimme gewöhnen kann. Am nächsten Tag sieht schon alles anders aus, und daß »Chinchi« seine neue Umgebung akzeptiert, können wir daran erkennen, daß sich unser kleiner Freund nicht versteckt, in unserer Gegenwart frißt oder sich sogar mit einer Hagebutte oder Rosine bestechen läßt. Obwohl wir beim Chinchilla mit Leckerbissen sparsam und vorsichtig umgehen müssen, sind sie doch wichtige Helfer, die die Vertrauensbildung zwischen Pfleger und Tier beschleunigen können.

Während des Tages schirmen wir unser Chinchilla für die erste Zeit ab und geben ihm die notwendige Ruhe, die es als dämmerungs- und nachtaktives Tier von Natur aus braucht. Meist schon am späten Nachmittag wird es munter, und ein lebhaftes Treiben stellt sich ein, wenn Sie sich ihm nähern und das abendliche Futter bringen. Bei allen Handlungen am Käfig sprechen Sie ständig mit normaler Stimme auf das Tier ein, denn es braucht die vertrauensbildenden Kontakte zum Menschen. Dieser Kontakt ist genausowichtig wie das tägliche Futter. Wenn Sie jetzt noch die Zeit aufbringen, um mit ihm zu spielen, wird unser »Chinchi« sich wohl fühlen und bald Freundschaft mit Ihnen schließen.

Da besonders Kinder von dem samtweichen Fell des Chinchillas begeistert sind und es gern streicheln wollen, muß man ihnen den behutsamen Umgang mit dem kleinen Nager beibringen. Für kleinere Kinder ist das Chinchilla als Schmusetier nicht geeignet, aber im Alter von 12–14 Jahren sind Kinder – vorausgesetzt, daß die Eltern immer ein Auge auf die regelmäßige Versorgung und gute Behandlung haben – durchaus in der Lage, sich mit einem Chinchilla weitgehend selbst zu beschäftigen. Fehler wie das Herumzeigen und Herumtollen während der Ruhezeit des Tieres sollte man vermeiden, denn dies kann das gerade eingewöhnte Chinchilla so verängstigen, daß schon von Anfang an die Beziehung zwischen Besitzer und Tier gestört ist.

Schon nach 2–3 Wochen der Eingewöhnung hat unser kleiner Freund verstanden, daß in seiner neuen Umwelt für ihn keine Gefahr besteht. Sein Verhalten wird robuster und selbstsicherer. Das abendliche Knuddeln und Streicheln der Kinder wird ihm jetzt sicherlich viel Spaß machen, wenn er ausgeschlafen nach Spielgefährten sucht.

Richtig tragen

Wenn Sie Ihr Chinchilla auf den Arm nehmen wollen oder eine Untersuchung beim Tierarzt notwendig ist, müssen Sie wissen, wie Sie Ihr Tier am besten hochnehmen. Vom richtigen Fangen und Halten hängt oftmals auch der Erfolg einer raschen und problemlosen Zähmung ab. Gerade bei einem Chinchilla sollte man recht vorsichtig vorgehen und nicht unruhig oder hektisch irgendein Körperteil ergreifen, um es in die Hand zu nehmen. Bei schmerzhaften

Griffen kann selbst das friedlichste Chinchilla einmal heftig beißen und uns einen Denkzettel für das grobe Zupacken erteilen. Solch ein Verhalten wäre allerdings nur als Notwehr zu bezeichnen, da Chinchillas von Natur aus nicht aggressiv oder bissig sind.

Am besten ergreift man das Chinchilla mit der rechten Hand an der Schwanzwurzel, stützt es mit der linken Hand am Bauch ab und hebt es hoch. Dabei muß der Fanggriff am Schwanz bei der Schwanzwurzel ansetzen (!), da ein unkontrollierter Griff am Schwanzende die empfindliche Schwanzhaut abreißen läßt. Hat man das Chinchilla hochgenommen, muß man das Tier immer unter dem Bauch abstützen oder einen Arm als Halt anbieten.

Wenn unser Chinchilla sich nach vielen Monaten an uns gewöhnt hat, stößt es beim Fangen kaum noch Haare ab, und wir können es zum Hochnehmen mit einer Hand umgreifen.

Eine Anmerkung zum Hochnehmen und Tragen sollte allerdings nie vergessen werden: Als quicklebendiges Wesen ist das Chinchilla zwar auch ein ausgezeichneter Springer, doch bei nicht berechenbaren

So hebt man das Chinchilla richtig hoch!

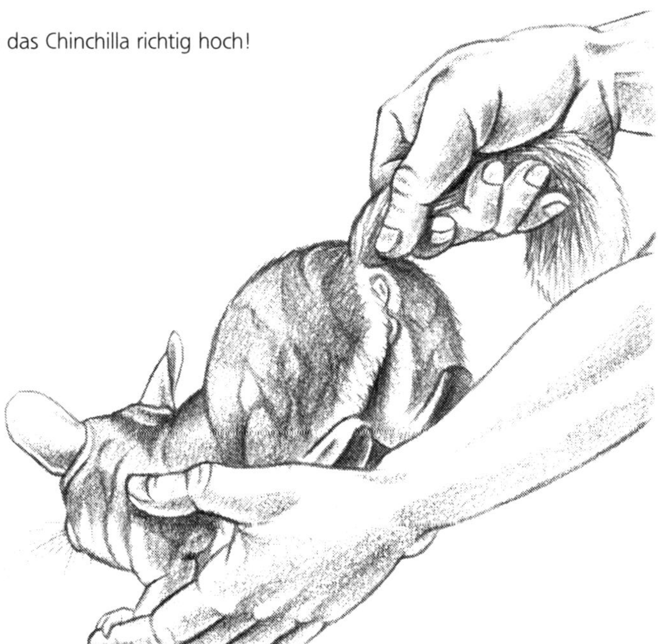

Sprüngen vom Arm oder aus anderen Höhen herab kann es sich ernsthaft verletzen. Ein leichtes Festhalten ist die beste Vorsorge, denn Chinchillas haben vor tiefen Sprüngen keine Angst.

Unser Chinchilla wird zahm

Chinchillas sind keine Einzelgänger, die auf sich allein gestellt sein wollen. Deshalb ist gerade in der Eingewöhnungsphase ein ständiger Kontakt dringend erforderlich, damit das Tier schnell zahm wird. Ständiges Alleinsein erschwert die Vertrauensbildung genauso wie hektischer Lärm und tagsüber fehlende Ruhe. Geduld und verständnisvolles Entgegenkommen sind die Grundvoraussetzungen für die Zähmung. Schon nach wenigen Tagen wird Ihr Chinchilla sich gut eingelebt haben und aus Ihrer Hand Futter annehmen, wenn Sie ihm immer wieder etwas Leckeres durch die Gitterstäbe reichen. Auch beim Chinchilla geht die Liebe durch den Magen, und für ein kleines Stückchen Frucht vergißt es seine Zurückhaltung und läßt sich ein bißchen streicheln. Man krault zart mit den Fingern in seinem Fell, bis es schließlich nach kurzer Zeit das Streicheln am ganzen Körper nicht nur duldet, sondern voll akzeptiert und wünscht. Wälzt es sich in Ihrer Gegenwart im Badesand, ist das schon ein Vertrauensbeweis, denn in dieser Lage ist auch ein Chinchilla völlig wehrlos. Ängstliches Verhalten in unserer Anwesenheit wird nach und nach völlig abgebaut. Ob wir am Käfig hantieren, Futter reichen oder unseren Freund nur beobachten wollen, wichtig ist die tägliche Ansprache in ruhigem Ton, damit unser kleiner Nager sich an unsere Stimme gewöhnt.

Chinchillas sind friedliche und gutmütige Heimtiere, die bei liebevoller Pflege kein Abwehrverhalten zeigen. Bei einer drohenden Gefahr, die sie in der Eingewöhnungsphase noch schlecht einschätzen können, kann es vorkommen, daß sie in einer Schrecksituation einen sehr unangenehmen Geruch verbreiten. Solche Duftnoten werden von den Böcken aus einer Drüse im Analbeutel, der sich am After befindet, im Angstverhalten versprüht. Weibchen haben dagegen eine für uns noch markantere Abwehrmaßnahme, indem sie sich auf die Hinterläufe stellen und den vermeintlichen Verursacher ihrer Bedrohung mit einer gezielten Harnladung bespritzen. Nach meinen Erfahrungen sind solche Vertreibungsmaßnahmen recht selten und kommen – wenn überhaupt – nur in der Anfangsphase der Haltung vor, wenn das Vertrauen zum Pfleger noch nicht gefestigt ist.

Rechts: Chinchillas sind recht neugierig und brauchen immer ein paar Holzstückchen oder einige Äste zum Benagen und Spielen in ihrem Käfig.

Seite 36/37: Abends wird unser Chinchilla munter!

Links oben: Junge Chinchillas
Links unten: Auch Chinchillas haben Durst!

Chinchillas sind zwar geschickte Springer, man sollte sein Tier jedoch nicht unbeaufsichtigt auf dem Tisch herumlaufen lassen, da es sich bei einem Sturz verletzen könnte.

Der erste Auslauf

Wenn man das Vertrauen seines Chinchillas erworben hat und ständige Streicheleinheiten geduldet werden, kann man dazu übergehen, sein Tier auch aus dem Käfig herauszuholen. Chinchillas sind zwar

an ihren Käfig bestens gewöhnt, schätzen es aber auf Dauer sehr, wenn sie regelmäßig auf den Arm gesetzt werden oder gar im Wohnzimmer herumtollen dürfen. Man darf das Tier jedoch nur dann aus dem Käfig herauslassen, wenn es völlig handzahm ist, da es sich sonst noch leicht erschrecken kann und wir es sehr schwer haben werden, unser Chinchilla aus irgendeinem Versteck in der Wohnung herauszulocken.

Der freie Auslauf bietet natürlich ungeahnte Möglichkeiten, die ein Käfig nie ersetzen kann. Jetzt kann man den natürlichen Bewegungstrieb der Chinchillas beobachten. Sie toben, flitzen und springen für ihr Leben gern und genießen einen solchen Ausflug in vollen Zügen. Da wir es jedoch mit starken Nagern zu tun haben, ist es ratsam, jeden Ausflug zu beaufsichtigen. Wir werden überrascht sein, wie schnell sich das Zutrauen noch steigern läßt. Die Tiere verlieren bald jede Scheu und verfolgen einen auf Schritt und Tritt.

Richtig füttern

Chinchillas sind sehr genügsame Heimtiere. Ihre Natur befähigt sie, mit den sehr geringen Nahrungsangeboten in den Trockenregionen der Hochanden zu überleben. Die natürliche Grundnahrung dieser reinen Vegetarier besteht aus vertrockneten Pflanzen, deren Sämereien und Früchten. Abwechslung bringen Baumrinden, Kakteen und — sehr selten — frische Gräser. Noch viel erstaunlicher ist aber der geringe Wasserbedarf. Der Chinchillaorganismus ist so aufgebaut, daß er in der Wildnis durch Wurzeln, Kakteen und etwas Tau seinen Feuchtigkeitshaushalt regulieren kann. Allein durch diese Ernährungsweise können wir auch verstehen, warum das Chinchilla eine übergroße Darmlänge von nahezu drei Metern besitzt. Selbst die nährstoffärmste Nahrung wird auf dem langen Weg im Darmtrakt restlos ausgewertet. Um uns diesen ernährungsphysiologischen Abläufen anzupassen, müssen wir immer auf eine ballaststoffreiche Nahrung achten. Ein gutes Chinchillafutter setzt sich daher aus sehr viel Rohfaser und nur leicht verdaulichen Kohlenhydraten zusammen. Eiweiß- und fettreiches Futter sollte nur in sehr geringem Maße Bestandteil der Ernährung sein. Wenn wir dies beachten, werden wir mit der Fütterung unserer Chinchillas keine Probleme haben.

Da Chinchillas verhältnismäßig geringe Mengen verzehren, brauchen wir auch keine sehr großen Vorräte anzulegen. Man achte beim Futterkauf vielmehr auf die Herstellungsdaten, die bei den Hauptfuttersorten angegeben sein sollten. In vielen Fällen ist das Chinchillagrundfutter wegen der Vitaminisierung nur 3—6 Monate nach der Herstellung haltbar. Kaufen wir jeden Monat kleine und frische Mengen, die wir kühl und trocken aufbewahren, erhält unser Chinchilla alles, was es braucht.

Für ein normales Chinchilla rechnet man pro Monat ca. 500 g Heu, 450 g Hauptfutter (Pellets und Körnermischungen), 80—100 g Grünkost (Obst, Gemüse, Wildkräuter) und ca. 100 g Trockenfrüchte und Leckerbissen (Hagebutten, Rosinen, getrocknete Äpfel, Vollkornbrot).

Das Hauptfutter

Das Hauptfutter besteht aus speziellen Chinchillapellets. Pellets (oder auch Preßfutter genannt) sind nichts anderes als getrocknetes Grünfutter, das in sehr kleinen Röllchen gepreßt wurde. Chinchillapellets sind häufig mit Mineralien und Vitaminen angereichert und in allen Zoofachgeschäften erhältlich. Da dieses Hauptfutter grundsätzlich den Nahrungsbedarf dekken kann, kann man es auch als Alleinfutter betrachten. Um aber auch in die Futterzusammensetzung Abwechslung zu bringen, kann ab und zu das normale Fertigfutter für Zwergkaninchen als Kraftfutter gereicht werden. Auf die Spezialpellets

sollten wir aber auf keinen Fall verzichten. Um die Lebensweise der Chinchillas auch in der Ernährung zu berücksichtigen, füttern wir am besten zweimal täglich. Für die nachtaktive Zeit verabreichen wir eine kraftvolle Kost (Chinchillapellets), denn in dieser Phase ist der Bewegungstrieb am größten.
Aber auch Körner von verschiedenen Getreidesorten wie z. B. Gerste, Weizen, Hafer, Hirse, Naturreis und Leinsamen können die Abendmahlzeit ergänzen.

Geschickt hält unser Chinchilla das Futter mit den Vorderbeinen fest!

Bei der Morgenmahlzeit füttern wir eine leichte Kost für die Ruhepause. Ein Chinchilla-Frühstück besteht zum Beispiel aus einem Teil Haferflocken mit Weizenkleie und Leinsamen und einem kleinen Teil Chinchillapellets. Als Ersatz für die Haferflocken können wir ohne weiteres auch Hundeflocken (Matzinger Hundebioflokken) verwenden; sie sind leicht bekömmlich und vielseitig in der Zusammensetzung. Auf jeden Fall sollte nicht zu reichlich gefüttert werden. Es reicht völlig aus, wenn pro Fütterung ein Eßlöffel verabreicht wird, denn nicht die gefütterte Menge, sondern die qualitativ hochwertige

Kost fördert das gesundheitliche Wohlbefinden.
Da Futterumstellungen häufig nicht vertragen werden, sollten beim Hauptfutter die gewohnten Mischungen beibehalten werden.

Heu

Heu ist für Chinchillas fast noch wichtiger als das tägliche Grundfutter. Die tägliche Handvoll Heu entspricht weitestgehend der natürlichen Ernährung und darf auf dem Speiseplan niemals fehlen. Heu ist ballaststoffreich und somit für alle Verdauungsvorgänge von großer Bedeutung. Manche Züchter und langjährige Chinchillahalter haben die Feststellung gemacht, daß in manchen Situationen sogar Heu als Alleinfutter ausreichend war, obwohl es wesentlich weniger Nährstoffe als das energiereiche Hauptfutter enthält.
Das Heu muß absolut trocken, grob und vielseitig sein und den typischen Heugeruch entfalten. Es darf niemals einen muffigen Charakter haben, dies würde die Gesundheit des Chinchillas gefährden. Wir sollten daher beim Kauf größerer und meist preisgünstiger Mengen unbedingt auf eine absolut luftige und trockene Lagerung achten.
Das in Zoofachgeschäften erhältliche Bergwiesenheu oder Wiesenheu ist hervorragend geeignet. Leider wird das wertvolle Luzerneheu selten angeboten, obwohl es in der Nagerhaltung von Bedeutung wäre. Die im Fachhandel erhältlichen Luzernewürfel sind in portionsgerechter Form aber ein gleichwertiger Ersatz, der mehrmals in der Woche verfüttert werden kann. Ein geeignetes Futter sind auch Pellets, die der Zoofachhandel anbietet.

Frische Grünkost

Ein Chinchilla mag noch so genügsam sein, ein bißchen Grünkost nimmt es gern, und obendrein bekommt es ihm ausgezeichnet. Grünkost ist ferner ein willkommenes Saftfutter mit der Möglichkeit, sogar den Flüssigkeitsbedarf völlig damit abzudecken.
Es sind keine großen Mengen, die verzehrt werden, schon ein Löwenzahnblatt, ein kleines Stück Möhre oder Apfel dekken den Bedarf völlig. Gibt man etwas größere Mengen, sollten die Reste täglich entfernt werden, da angeschimmelte, verderbliche und verschmutzte Futterreste für das Chinchilla böse Folgen haben können. Bald wird man jedoch herausgefunden haben, wieviel Grünkost täglich verzehrt wird.
Viele Züchter verzichten völlig auf Frischkost und reichen nur das täglich frisch gefüllte Trinkröhrchen. Da frische Pflanzennahrung jedoch reich an Vitaminen und Mineralstoffen ist, sollten wir auf dieses wertvolle Beifutter nicht verzichten.
In der warmen Jahreszeit hat man es einfach und sammelt die Blätter von Löwenzahn, Gänseblümchen, Klee und Spitzwe-

gerich, auch ein paar Gräser dürfen dabei sein. Aber nicht an stark befahrenen Straßenrändern sammeln, da alle dort gesammelten Kräuter eine zu hohe Schadstoffbelastung zeigen! Obendrein sollte das frischgepflückte Saftfutter niemals naß verfüttert werden, da es sonst zu schweren Verdauungsstörungen führen kann. Obst, das im allgemeinen sehr saftreich ist, sollte man vorsichtig füttern und ebenfalls nur kleine Mengen verabreichen. Wir brauchen also für unseren Pflegling kein Obst oder Gemüse einzukaufen, da wir von unserem eigenen Verbrauch immer ein kleines Stück abzweigen können. Besonders gerne werden auch Möhren gefressen. Wir brauchen keine ganzen Möhren, sondern im Höchstfall nur ein kleines Stück zu verfüttern. Meine Chinchis mögen in diesem Fall sogar etwas verwöhnt sein, da sie für eine kleine Möhre fast alle anderen Saftfutterangebote ablehnen. Chinchillas, die an kein Grünfutter gewöhnt sind, sollten regelmäßig ein kleines Stück als Naschangebot erhalten.

Um bei dem niedrigen Saftfutterverbrauch immer frische Kost anzubieten, können wir auch in kleinen Pflanzschalen Grünfutter preiswert selbst heranziehen. Schon nach wenigen Tagen sind die frischen Keimlinge erntereif. Besonders Kinder haben oftmals eine große Freude daran, ihr Chinchilla selbst zu versorgen, und die Aussaat und Ernte sind gleichzeitig ein lehrreicher Umgang mit der Natur. Für die Aussaat füllen wir einfache Blumenerde in eine niedrige und kleine Pflanzschale. Leicht feucht gehalten stellen wir sie bei Zimmertemperatur ans helle Fenster und warten, bis die Keimlinge eine Größe von 4–6 cm haben. Jetzt sind sie erntereif und können zur Freude des Chinchillas in sparsamen Mengen verfüttert werden. Geeignete Pflanzen für die Aussaat sind z. B.: Weizen, Hafer, Kresse, Buchweizen, Sonnenblumen und Luzerne.

Leckerbissen

Zur Befriedigung des Nagebedürfnisses kann man frische und getrocknete Baumzweige von Weide, Buche, Esche, Birke, Haselnuß und Obstbäumen reichen. Harthölzer wie z. B. Eichenholz sind wegen unverträglicher Inhaltsstoffe nicht geeignet. Das Benagen der Zweige sorgt nicht nur für eine regelmäßige Abnutzung der ständig nachwachsenden Nagezähne, unser Chinchilla hat auch viel Spaß daran. Wegen der wertvollen Faserstoffe und den saftigen Schichten unter der Rinde sind die Zweige auch ein natürliches Ergänzungsfuttermittel. Da wir nicht immer käfiggerechte Zweige finden, legen wir am besten einen Vorrat an, damit unser Chinchilla regelmäßig seinen Knabberspaß hat.

Ersatzweise können wir auch die im Zoofachhandel erhältlichen Knabberstangen für Hamster und Zwergkaninchen verwenden. Aber auch hartgebackener Hundekuchen erfüllt den Zweck, ebenso wie ein hartes Stück Vollkornbrot und das im Handel erhältliche »Landsberger Gemenge«.

Die Krönung aller Ergänzungsfuttermittel sind ohne Zweifel die getrockneten Früchte.

Aber auch hier gilt die Regel, daß kleine Mengen gesundheitsfördernd wirken, während ein Übermaß schädlich sein kann. In der Beliebtheitsskala der Leckerbissen stehen Rosinen, Hagebutten, getrocknete Äpfel und Aprikosen und sogar Feigen ganz oben. Trockenfrüchte beschaffen wir uns am besten aus dem Reformhaus, da sie auf keinen Fall geschwefelt sein dürfen. Unbedeutende Mehrkosten gleichen sich dadurch aus, daß z. B. eine 125-g-Tüte erst nach 5–6 Wochen verbraucht ist. Das gleiche gilt auch für die Hagebutten. Sie werden leidenschaftlich gern verzehrt und sind besonders gesund. Trockenfrüchte sind fett- und eiweißarm, aber reich an Rohfaser. Ihr Gehalt an Vitaminen und Mineralstoffen ist enorm hoch und kann jeder Mangelerscheinung rechtzeitig vorbeugen.

Nagergemüse und Waldkräutermischungen, wie sie für Zwergkaninchen häufig angeboten werden, sind auch für unsere Chinchillas als leckere Trockenbeikost geeignet.

In kleinen Mengen und im Wechsel gefüttert, ist jeder Leckerbissen eine nützliche Ergänzung zur Pelletsfütterung und entspricht auch weitestgehend der natürlichen Nahrung.

Futterergänzungen

Ergänzungsfuttermittel sind die optimale Abrundung der eigentlichen Nahrung. Wichtig und unerläßlich ist der ***Nagerstein***. An ihm werden nicht nur die Zähne geschärft, er stellt gleichzeitig auch die notwendige Versorgung mit Calcium und Mineralstoffen sicher. Wird der Nagerstein nicht benutzt, kann man auch aufbauende Kalktabletten für Hunde verfüttern. Täglich 1–2 Tabletten über zwei Wochen versorgen ein Chinchilla optimal, wenn die Kur regelmäßig nach kurzer Pause wiederholt wird.

Für eine gesunde Haut und ein seidiges Fell eignet sich eine Kur mit Hefeflocken, wie wir sie für Hunde und Katzen kennen. Hefe empfiehlt sich auch bei Fellbeißen, Haarwechsel und überstandener Krankheit oder nur als Vorsorge (zweimal in der Woche einen halben Teelöffel).

Um den Verdauungstrakt zu stärken und Darmerkrankungen zu vermeiden, gebe man regelmäßig einen Teelöffel Obstessig auf 0,25 l Wasser, denn nichts ist für ein Chinchilla wichtiger als eine reibungslose und gesunde Verdauung.

Auch Chinchillas haben Durst

Auch wenn das Chinchilla mit wenig Flüssigkeit auskommt, sollten wir ihm eine kleine Tränke anbieten. Aus einer Tränke mit einem Fassungsvermögen von 0,125 l Wasser kann es das kostbare Naß tropfenweise ansaugen. Chinchillas, die an Saft- und Grünfutter gewöhnt sind, trinken natürlich weniger oder verzichten ganz darauf. Als angepaßte Bewohner trockener

Regionen können sie damit leben, und man muß sich keine Sorgen machen, daß das Chinchilla verdurstet, wenn ihm ausreichend frische Grünkost geboten wird. Um jedoch ganz sicherzugehen, entwöhnen wir unser Chinchilla nicht von der Trinkflasche.

Während der Trag- und Säugezeit kann der Feuchtigkeitsbedarf der Weibchen etwas höher liegen, und im Krankheitsfall hat sich die Medikamentengabe über das Trinkwasser am besten bewährt. Obendrein wird häufig auch ein gutes Mineralwasser bevorzugt, wenn ein Salzleckstein nicht angenommen wird.

Die wöchentliche Grundreinigung der Flasche mit heißem Wasser gehört natürlich zur Selbstverständlichkeit.

Pflege

Das Chinchilla ist von Natur aus ein sehr reinliches Tier. Es verbreitet keine Gerüche und betreibt eine intensive Fellpflege, leidet fast nie unter Hautparasiten und meidet seine eigenen Ausscheidungen und verschmutzte Einrichtungen im Käfig. Dafür liebt es frische Luft und verkümmert in muffigen Käfigen mit schlechter Belüftung. Wir sollten daher ständig dafür sorgen, daß sich unser »Chinchi« in einer sauberen Umwelt gesund entwickeln kann.

Die notwendige Sauberkeit im Käfig

Die ***täglichen Reinigungen*** nehmen nur wenige Minuten in Anspruch: Der Käfig läßt sich am einfachsten sauber und geruchsfrei halten, wenn wir vor der Fütterung die Kot- und Urinecken mitsamt der Einstreu entfernen. Ein Chinchillakäfig darf nie stinken, nur der Geruch des frischen Heus sollte wahrnehmbar sein! Auch die Futternäpfe werden täglich vor der Fütterung gesäubert. Das gleiche gilt auch für das Trinkröhrchen, denn die Chinchillas müssen jeden Abend frisches Trinkwasser erhalten. Nicht verbrauchtes Wasser schütten wir selbstverständlich weg und spülen unter fließendem Wasser das Röhrchen aus. Aus hygienischen Gründen verzichten wir auf offene Trinkgefäße, sie verschmutzen zu schnell und tragen nicht zur Gesundheitsförderung bei.

Leicht verderbliche Futterreste werden aus gesundheitlichen Gründen vor jeder erneuten Fütterung selbstverständlich entfernt.

Die stark beanspruchten Sitzbretter sollten wir von stärkeren Verschmutzungen säubern, damit im Fell der Tiere keine Verunreinigungen und Verfilzungen entstehen können.

Neben den täglichen routinemäßigen Säuberungen brauchen wir nur ***einmal pro Woche*** das Großreinemachen durchzuführen: Jetzt wird die Einstreu völlig ausgewechselt, und die Unterschale wird mit einem milden Spülmittel warm ausgewaschen. Damit keine Kot- oder Essensreste auf den Sitzbrettern eintrocknen können, werden auch diese mit einer rauhen Bürste abgescheuert. Einmal in der Woche muß auch das Trinkröhrchen gründlich gereinigt werden. An den Glasinnenwänden sollte sich kein Algenbelag entwickeln! Mit einem üblichen Haushaltsspülmittel und einer Reinigungsbürste säubert man die Trinkflasche und spült sie anschließend mit klarem Wasser gründlich aus. Auch die Flaschenverschlüsse sollten unserer Aufmerksamkeit nicht entgehen. Angeknabberte wechseln wir aus und reinigen sie genauso gründlich wie das Trinkröhrchen.

Im Trinkröhrchen bleibt das Wasser stets frisch und sauber. Einmal täglich muß der Inhalt erneuert werden.

Die tägliche Fellpflege

Kaum ein anderes Haustier betreibt eine so außergewöhnliche Fellpflege wie unser Chinchilla. Zur Reinigung und Pflege des samtweichen und kostbaren Felles benötigt es nur sein tägliches Sandbad. Wir brauchen also die Fellpflege nicht selbst vorzunehmen, sondern überlassen es dem Chinchilla, selbst für ein sauberes Haarkleid zu sorgen. Als Hilfsmittel dient hier eine Schale oder die handelsübliche Sandbadewanne, die wir täglich für 10—15 Minuten in den Käfig stellen. Wir werden erstaunt sein, wie ein Chinchilla sein Sandbad genießt. Es ist auch ein drolliger Anblick, wie es sich darin auf dem Rücken liegend wälzt, reibt und schüttelt. Chinchillas, die kein regelmäßiges Sandbad erhalten, haben bald ein struppiges, unansehnliches Fell. Ist das Fell erst einmal verschmutzt, neigt es rasch zum Verfilzen oder wird stuppig. Der samtartige Charakter geht verloren, und es besteht die Gefahr einer Hauterkrankung, da die verklebten und verfilzten Fellpartien die Haut negativ beeinflussen. Wer also ein Chinchilla artgerecht pflegen will, kann auf das wohltuende Sandbad in den Morgen- oder Abendstunden nicht verzichten.

Als Badesand eignet sich keinesfalls Sand von der Straße, auch Flußsand, Strandsand und Kinderspielsand aus der Buddelkiste sind ebensowenig geeignet wie der grobkörnige Quarzsand, den man auch als Vogelsand verwendet. Da diese Sandformen zu grob sind, scheuern sie die Haarspitzen ab und schädigen das Fell in seiner Grundstruktur. Den natürlichen Bedürfnissen entsprechend muß der Badesand weich und leicht sein, um eine pflegende Wirkung zu erzielen. Fragen Sie also bei Ihrem Zoofachhändler oder Chinchillazüchter nach echtem Badesand. Nach meinen Erfahrungen haben sich die Sandsorten Attapulgus, Blue Cloud (= Blaue Wolke) und die echten, weißen Sandsorten bestens bewährt. Sie werden neuerdings auch in sehr gut sortierten Zoofachgeschäften geführt. Der Sandverbrauch ist gering, da wir alle 2—3 Tage den benutzten Sand durch ein Sieb schütteln und damit von Verunreinigungen befreien. Hin und wieder ergänzen wir den verlorengegangenen Sand, und erst nach Wochen wird der Sand — je nach Verschmutzungsgrad — völlig erneuert.

Gefahren

Auch unter optimalen Haltungsbedingungen gibt es verschiedene Gefahrenquellen, die für unseren Pflegling schwerwiegende Folgen haben können. Sie zu verhüten ist unsere Aufgabe. Es sind oftmals die kleinen Dinge des alltäglichen Lebens, die für ein Chinchilla gefährlich werden können und seine Gesundheit bedrohen. Die Beachtung folgender Regeln kann dazu beitragen, das Leben unseres Chinchillas zu schützen.

Allgemeine Gefahren
Feuchte oder verrauchte Räume für die Unterbringung, Hitze und starke Tempera-

turschwankungen sind ebenso gesundheitsgefährdend wie die berüchtigte Zugluft, die sehr leicht zu schweren Erkrankungen führen kann. Wer sein Chinchilla ins Freie mitnimmt, muß dringend darauf achten, daß es vor Regen, Nässe und intensiver Sonnenbestrahlung geschützt ist.
Starker Lärm und ständige Störungen während der Ruhephase können das Verhalten eines friedlichen Tieres maßgeblich verändern. Haltungsfehler, die psychische Schäden verursachen, sind nur schwer zu beheben, und man sollte sie auf jeden Fall verhüten.
Kleinkindern sollte man ein Chinchilla niemals ohne Aufsicht anvertrauen. Chinchillas spielen und toben gern, doch ein Kinderspielzeug, das man benutzt, sind sie nicht.

Gefahren im Wohnbereich

Sind wir erst in den Genuß eines zahmen Chinchillas gekommen, erkennen wir bald, daß ein Käfig auch eine Einschränkung für seinen Spiel- und Beschäftigungstrieb darstellt. Es ist daher völlig natürlich, wenn man sein Chinchilla frei in der

Sorgfältig putzt das Chinchilla seinen Schwanz.

Wohnung laufen läßt. Aber gerade dieser freie Auslauf birgt eine Vielzahl von Gefahren in sich, die man beachten muß, wenn das Tier sich in der Wohnung richtig austoben darf. Die wichtigste Grundregel muß daher lauten: »Ohne Aufsicht kein Auslauf!«
Unser Chinchilla ist ein starkes Nagetier, und alles, was man anknabbern kann, stellt ein natürliches Vergnügen dar. Elektrische Leitungen müssen daher unerreichbar sein, wenn man Schlimmes verhindern will. Zum Bad sollte der Zugang immer verwehrt sein, die Gefahr von Bodenkälte und Nässe gefährdet das Fell und die Gesundheit. Außerdem können offene, mit Wasser gefüllte Behälter wie z. B. die Wanne, das Waschbecken oder ein Eimer eine tödliche Gefahr darstellen, denn Chinchillas sind nicht nur gute Läufer, sondern auch hervorragende Springer.
Auch die Küche ist kein Aufenthaltsort für ein Chinchilla. Nicht nur Herd und Spüle, sondern auch Lebensmittel, die es nicht verträgt, gefährden sein Leben. Türen, die geschlossen werden und es einklemmen, offene Fenster, aus denen es springen kann, und Schlupfwinkel unter Möbeln, aus denen es sich nicht befreien kann, sind nur einige Beispiele von Gefahren im Wohnbereich.

Vergiftungsgefahr

Für in der Wohnung frei laufende Chinchillas sind Tische, Stühle und Regale leicht erreichbar, und herumliegende Tabletten, Klebstoffe, Pflanzenschutzmittel, Zigaretten und Süßigkeiten können eine tödliche Gefahr darstellen. Allein eine Zigarette reicht aus, ein Chinchilla relativ schnell zu töten. Da man nur selten einen schlechten Gesundheitszustand mit einer Vergiftung in Verbindung bringt, kommt oft jede Hilfe zu spät.
Mit Pflanzenschutzmitteln behandelte oder giftige Zimmerpflanzen sollten für den gewandten Kobold in unserer Wohnung unerreichbar sein. Herumliegende Bunt- und Filzstifte, Knetmasse und andere weiche Plastik- oder Gummiteile, die häufig in Kinderzimmern anzutreffen sind, sollten immer weggeräumt sein, wenn unser kleiner Freund sich im Zimmer aufhält.
Selbst leicht verdorbene Futtermittel sind wegzuwerfen: Sie stellen ebenso wie feuchtes Heu eine Vergiftungsgefahr dar. Auch Hölzer, die wir für die Käfigeinrichtung verwenden, müssen unbedingt frei von jeder chemischen Behandlung sein.
Da bei einem Nagetier nichts sicher genug sein kann, achten wir bei jedem Auslauf in der Wohnung darauf, ob gefährliche Stoffe auch wirklich unerreichbar sind.

Gefahren durch andere Heimtiere

Von wenigen Ausnahmen abgesehen vertragen sich Chinchillas nach einer Eingewöhnung ausgezeichnet mit anderen Haustieren. Bei anderen Kleinnagern liegt die Problematik nur in der grundverschiedenen Lebensweise. Meerschweinchen und Zwergkaninchen sind tagaktiv und würden das dämmerungs- und nachtaktive Chinchilla auf die Dauer nerven. Eine dauernde Vergesellschaftung ist hier unmöglich. Ein kurzes Zusammentreffen dieser Tiere stellt jedoch keine Gefahr dar.

Pflege

Pflegen wir neben einem Chinchilla auch eine Hauskatze, so sollte diese niemals unbeaufsichtigt in der Nähe sein. Bei gleichzeitigem freien Auslauf von Katze und Chinchilla droht ein gefährliches Beute- und Jagdspiel, denn eine Katze wird kaum verstehen, daß sie ein davonflitzendes Chinchilla dulden soll. Man muß die beiden Tiere also ständig getrennt halten.

Bei Hunden sollte man vorsichtig sein, bis eine völlige Eingewöhnung des Chinchillas eine gefahrlose Begegnung ermöglicht. Auch Hunde bewegen sich in ihrer Neugierde recht ungestüm, gewöhnen sich aber schnell an solch einen kleinen Hausgenossen. Vorausgesetzt, der Familienhund ist wesensfest und wohlerzogen, dann wird die Anwesenheit des Hundes auch für das Chinchilla zur Gewohnheit werden. Bei uns zu Hause kennen und beschnuppern sich die Tiere gegenseitig, und nicht selten sitzt unser »Chinchi« im Fell seiner großen Freunde. Vor allem wenn wir es einfangen wollen, versteckt es sich zu gern unter den Hunden, wenn diese aufrechtsitzen. Einen besseren Beweis gegenseitigen Vertrauens unter Heimtieren kann man wohl kaum noch erleben.

Dennoch möchte ich jedem Chinchillahalter zur Vorsicht raten: Ein Risiko kann in jeder Beziehung unter Heimtieren bestehen, wenn nicht vorher artfremde Tiere mit Geduld aneinander gewöhnt werden und wenn sie obendrein noch ohne Beaufsichtigung sich selbst überlassen bleiben.

Eine ganz andere Gefahr stellen offene Aquarienanlagen dar, denn sie sind für ein Chinchilla eine tödliche Falle, wenn es dort hineinfällt. Sein nicht wasserabstoßendes Fell saugt sich derart voll, daß Ertrinken die Folge wäre. Terrarien- und Aquarienbehälter müssen daher stets gut abgedeckt sein.

Zucht

Wir züchten Chinchillas

Wenn Chinchillahaltung Spaß macht, erwacht nicht selten der Wunsch, einen Zuchtversuch zu unternehmen. Daraus entwickelt sich leicht eine kleine Liebhaberzucht, die als Hobby zwar viel Freude bringt, aber auch eine intensive Arbeit verlangt. Da wir uns in diesem Kapitel mit der Zucht von Heimtieren beschäftigen wollen, brauchen wir die Problematik von Groß- und Farmzuchten nicht zu erwähnen. Eine solche Zucht hat ihren eigenen Charakter und sprengt bei weitem den Rahmen einer Liebhaberzucht. Die Investitionen in Geld und Zeit sind gewaltig, und für die Chinchillas besteht die Gefahr, daß eine artgerechte und individuelle Pflege nicht mehr gewährleistet ist. Außerdem beschäftigt sich die Liebhaberzucht nicht mit der kommerziellen Fellgewinnung, sondern mit einer Chinchillazucht, die den Bestand dieser Tiere auch für die Zukunft sichert.

Beschränken wir uns daher auf die Liebhaberzucht, die auch im kleinen Rahmen durchgeführt werden kann. Schon wenige Weibchen können das Futtergeld wieder einbringen und uns das schöne Hobby erleichtern. Bei jeder Zucht sollten wir aber nur an das Tier und niemals an das Geld denken! Wenn Sie zwei oder drei Weibchen zur Zucht heranziehen, sind später die niedlichen Chinchillakinder der eigentliche Lohn Ihrer liebevollen Bemühungen. Solche Erfahrungen fördern gerade bei Kindern die Beziehungen zur Natur.

Bevor wir uns jedoch näher mit der Chinchillazucht beschäftigen, sollten wir immer daran denken, daß ***vor*** einem Wurf die Abgabe und Unterbringung der Jungtiere gewährleistet sein müssen, denn nicht jedes geborene Chinchillakind können wir behalten. Häufig sind Zoofachhändler an sauberen Privatzuchten interessiert, da die Nachfrage häufig das Angebot übertrifft. Aber auch ein Befragen von Freunden, Bekannten und Nachbarn ist oft hilfreich, damit Sie nicht später auf den liebevoll aufgezogenen Jungtieren sitzenbleiben. Auch die schönsten Urlaubspläne müssen Sie ernsthaft in die Zuchtpläne einbeziehen. Es sollte kein Chinchillawurf in Aussicht stehen, wenn zum gleichen Zeitpunkt eine Ferienreise lockt. Keine Chinchillamutter – ob tragend oder säugend – verträgt eine Störung. Für die Jungtiere würde immer eine Gefahr bestehen.

Ebenfalls zur Vorbereitung gehört die Bereitstellung eines größeren Zuchtkäfigs, der die Mindestlänge von 80 cm nicht unterschreiten sollte. Heranwachsende Jungtiere brauchen viel Platz zum Spielen und Laufen, da sie auch am Tage recht aktiv sind.

Sind solche oder ähnliche Fragen ausgeräumt, können Sie sich Ihren Wunsch erfüllen. Durch die biologischen Gegebenheiten gehören Chinchillas jedoch nicht zu den vermehrungsfreudigen Heimtieren. Ihre Zucht ist nicht einfach und hängt sehr stark vom Wohlbefinden der Tiere ab. Nur

eine optimale Versorgung und eine gute Unterbringung gewährleisten gesunde Nachkommenschaft.

Männchen oder Weibchen?

Beim Chinchilla ist der Abstand zwischen After und Geschlechtsteil beim Männchen wesentlich größer als beim Weibchen. Im allgemeinen beträgt der Abstand über 12 mm. Das Chinchilla-Männchen, auch »Bock« genannt, wirkt etwas kleiner und schlanker, wobei jedoch der Kopf breiter und massiver erscheint. Die Gestalt ist beim Weibchen gedrungener. Da der Anfänger die Geschlechter leicht verwechseln kann, sollte nicht unerwähnt bleiben, daß die Weibchen in der Höhe des Penis einen Harnröhrenzapfen aufweisen. Dieser wird häufig mit dem männlichen Glied verwechselt. Da die weibliche Scheide außerhalb der Brunft kaum sichtbar ist, sollte man sich allein auf den Abstand zwischen After und Penis verlassen. Die Scheide (Vagina) des Weibchens schwillt nur in der Brunftzeit an und öffnet sich erkennbar. Sie zeigt sich dann unmittelbar querliegend zwischen After und dem Harnröhrenzapfen, der auch Pseudoglied genannt wird. Da man ja schon beim Kauf eines Tieres ein bestimmtes Geschlecht bevorzugt, zeigt uns der Züchter oder Zoohändler gern den Unterschied der Geschlechter, denn schon bei jungen Tieren sind die oben aufgeführten Merkmale zu erkennen.

Geschlechtsunterschiede beim Chinchilla: links Männchen, rechts Weibchen.

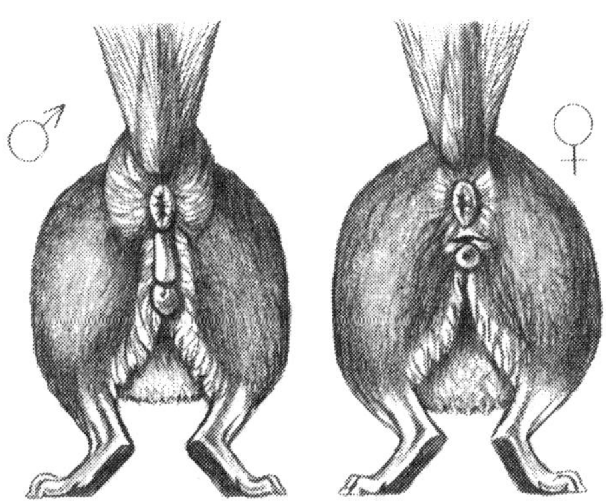

Die Zuchtauswahl

Wenn wir ein Chinchillaweibchen zur Zucht heranziehen wollen, müssen wir beachten, daß nur gesunde und kräftige Weibchen in der Lage sind, gesunde Jungtiere aufzuziehen. Überfressene Chinchillaböcke neigen zur Deckunlust. Mäßiges Füttern und viel Bewegung erhöhen deshalb die Chance auf eine kleine Chinchillafamilie. Im eigentlichen Sinn versteht man unter einer »Zucht« jedoch keine Vermehrung, sondern eine Festigung oder Verbesserung von Rassenmerkmalen, die man nach den Vererbungsgesetzen durchführt. Ein Hobbyzüchter wird also versuchen, bestimmte Farben, Haarquali-

täten und Verhaltensmerkmale herauszuzüchten oder zu festigen. Die Möglichkeiten einer Zuchtauswahl sind also vielfältig und je nach der Einstellung des Züchters verschieden.
In der Farbgebung sollen uns einige Beispiele veranschaulichen, wie man bei der Zuchtauswahl vorgeht. Man paart z. B. dunkle Farbschläge miteinander, wobei man beachten sollte, daß ein Partner einen Stich dunkler ist. Hellere Nachkommen kann man daher für eine zukünftige Zuchtauswahl nicht verwenden und gibt sie rechtzeitig als Heimtiere in gute Hände ab. Das gleiche gilt auch für andere Kriterien wie z. B. Felldichte, Wuchsform, ruhiges Wesen, Deckfreudigkeit, Wurffreudigkeit und Aufzucht der Jungen. Ein gutes Zuchtpaar muß also nicht nur gute Eigenschaften in Fell, Wesen und Zuchtfähigkeit haben, sondern muß diese auch gleichmäßig vererben.
Wenn man also eine kleine Liebhaberzucht beginnen will, lege man sich ein genau geführtes Zuchtbuch in Form einer Kartei an und trage alle Eigenschaften der betreffenden Tiere ein. Bei den Jungtieren natürlich auch die Daten und Namen der Eltern und Großeltern. Nur über eine solche Zuchtkontrolle kann ein gewünschtes Zuchtziel erreicht werden. Auch wer nur einmal Jungtiere haben möchte, sollte darauf achten, daß sein Pärchen zusammenpaßt und beide Tiere gesund sind. Besonders für Jugendliche und Kinder ist es immer auch ein aufregendes und lehrreiches Schauspiel, die kleinen Chinchillas aufwachsen zu sehen.

Die Paarung

Chinchillas erlangen im Alter von 7–9 Monaten ihre Zuchtreife. Die körperliche Entwicklung und Verfassung der Tiere sollte bei einer Verpaarung unbedingt berücksichtigt werden, denn nur ein ausgereiftes Chinchillaweibchen kann gesunden und kräftigen Nachwuchs bringen. Für eine Verpaarung bringt man am besten gleichaltrige Tiere, die sich kennen, zusammen. Unerfahrene Böcke mit erfahrenen Weibchen zu paaren bringt die Gefahr mit sich, daß der junge Bock bei der Werbung zuerst attackiert wird und dadurch einen psychischen Schaden erleidet. Für weitere Zuchtversuche sind solche eingeschüchterten Männchen dann häufig nicht mehr zu gebrauchen. Umgekehrt kann so etwas auch beim weiblichen Geschlecht passieren, wenn sich die Partner nicht schon vor der Brunftzeit kennenlernen konnten. Auch in der Tierwelt gilt die Devise, daß mit Gewalt keine Erfolge erzielt werden. Die seelische Bereitschaft der Partner spielt auch bei Chinchillas eine Hauptrolle. Und wir können den Tieren ruhig Zeit geben, denn schon nach 28–34 Tagen kommen die Weibchen wieder in die Hitze, und ein erneuter Versuch ist bestimmt erfolgreicher!
Chinchillas beginnen die Paarung mit einem ausgedehnten Liebesspiel. Bei einem deckbereiten Weibchen ist die Scheide angeschwollen und geöffnet. Weibliche Duftsignale deuten dem Männchen die Bereitschaft des Weibchens an, worauf es mit dem treibenden Drängen beginnt.

Zucht

Kaum ein Weibchen läßt sich spontan dekken, in den meisten Fällen nutzt es die Hinhaltetaktik und zeigt sich verspielt und springfreudig. Gerade dieses scheinbar widerspenstige Verhalten reizt beide, und der Bock verstärkt sein Treiben. Ein erfahrener Bock nutzt jetzt jeden kurzen Augenblick, in dem das Weibchen sich bereitwillig zeigt. Bei der Paarung wiederholt sich das Liebesspiel aus Reizen und Dekken noch mehrmals in der Nacht, so daß wir erst später einen Erfolg feststellen können, wenn das Weibchen einen Deckpfropfen entwickelt hat. Das Weibchen scheidet nach einer Aufnahme einen sogenannten Deckpfropfen aus, der sich aus dem Samenüberschuß und einem Scheidensekret bildet. Ist allerdings diese feste Ausscheidung nicht aufzufinden, könnte sie vom Weibchen verzehrt worden sein. In diesem Fall muß man vier Wochen warten, um zu erfahren, ob sich eine erneute Hitze einstellt oder das Weibchen trächtig ist.

Der Bock braucht nach der Paarung nicht aus dem Käfig des Weibchens entfernt zu werden. Wenn der Käfig allerdings zu klein gewählt wurde, sollte jetzt dringend ein größerer Zuchtkäfig eingerichtet werden, da auch der Bock als fürsorglicher Vater die Trächtigkeit, Geburt und Aufzucht der Jungen begleitet. Dieses Verhalten erleichtert die Pflege merklich, und das Bild einer liebevollen Chinchillafamilie ist der Lohn unserer Mühe.

Auch eine neue Paarung stellt keine Gefahr dar, wenn Unterschlupfmöglichkeiten für die Jungen vorhanden sind und der Käfig entsprechende Größe hat.

Tragzeit und Geburt

Unter allen Nagetieren haben die Chinchillas eine ungewöhnlich lange Tragezeit von 111 Tagen, wobei Schwankungen von 2–3 Tagen nach oben und unten im normalen Bereich liegen. Um den Wurftag zu berechnen und den Verlauf der Trächtigkeit genau zu verfolgen, notieren wir uns den Decktermin. Während der Tragzeit sollten wir das Weibchen keinen störenden Einflüssen aussetzen. In schlimmen Fällen kann es zu einer Frühgeburt kommen, und die gewünschten Jungen sind tot. Geben wir also der Familie die benötigte Ruhe und freuen uns auf einen gesunden Wurf. Während der Trächtigkeit verändert sich das Weibchen kaum im Verhalten und in der Form. Nur ab der 8. Trächtigkeitswoche läßt sich eine Gewichtszunahme feststellen. Je weiter die Tragzeit vorangeschritten ist, desto mehr nimmt die Vitalität des Weibchens ab, und es ruht etwas häufiger als gewohnt. Ein Chinchilla zeigt auch als Heimtier noch sein natürliches Verhalten, so daß wir uns während der Trächtigkeit und kurz vor der Geburt über Veränderungen im Verhalten keine Sorgen zu machen brauchen.

Oben: Chinchillas sind mit ihren Vorderpfoten sehr geschickt!
Unten: Mutter mit Jungtier

Zucht

Da wir uns den Decktermin notiert haben, um den Wurftag zu berechnen, wird die Geburt kaum überraschend eintreten. Für die Geburt selbst müssen wir nichts vorbereiten, nur die Raumtemperatur könnte etwas erhöht werden (eine Zimmertemperatur von 21 °C ist ausreichend). Nach meiner Erfahrung vollzieht sich die Geburt der Jungen in der morgendlichen Dämmerung, wenn das erste Licht des Tages in den Raum dringt, in dem der Zuchtkäfig untergebracht ist. Wenn man nicht zu den Frühaufstehern zählt, wird man eine Geburt nur selten erleben können, wenn nicht der Zufall eine Rolle spielt. Alles läuft ruhig und problemlos im sicheren Versteck der Mutter ab. Beobachtet man das Weibchen genau, dann fühlt man das sich ändernde Verhalten des Muttertieres kurz vor seiner Niederkunft. Es wirkt unruhiger, und die einsetzenden Wehen veranlassen es, sich ständig zu bewegen. Je häufiger das Chinchilla sich streckt und vor Wehenschmerzen die Augen schließt, um so dichter ist der Zeitpunkt der Geburt.
Sehr junge Mütter haben im allgemeinen kleine Würfe von nur 1–2 Jungtieren, ältere und erfahrene Weibchen bringen in Mehrlingswürfen nahezu sechs Junge zur Welt. Die Dauer einer Geburt ist unterschiedlich und hängt von sehr verschiedenen Faktoren ab, die individuell von Weibchen zu Weibchen verschieden sind. Bei einem kleinen Wurf liegt der Zeitraum zwischen 20 und 60 Minuten und entsprechend länger bei großen Würfen.
Kurz nach einem Wurf kann ein gesundes Weibchen theoretisch wieder gedeckt werden.

Die Aufzucht der Jungen

Entsprechend der langen Tragzeit sind die jungen Chinchillas schon bei der Geburt weit entwickelt. Sie haben ein durchschnittliches Gewicht von 42–46 Gramm und kommen schon sehend zur Welt. Ihr Körper zeigt schon jetzt ein zartes und dichtes Babyfell. Erstaunlich ist auch ihre frühe Bewegungsfähigkeit. Schon kurze Zeit nach der Geburt plagt den Nachwuchs die Neugierde, er muß jetzt die ganze Umgebung erkunden. Die Jungen klettern, laufen und toben herum, bis die Eltern sie zur Ordnung rufen.
Da das Muttertier drei Paar Zitzen aufweist, kann auch ein Mehrlingswurf bei guter Verfassung und entsprechender Ernährung des Muttertieres ausreichend mit Milch versorgt werden. Im Alter von einer Woche sind Jungchinchillas durchaus in der Lage, neben der Muttermilch auch aus dem Futternapf der Eltern zu naschen. Um Futterneid zu vermeiden, ist jetzt ein rechteckiger Napf günstig, da jedes Tier dann ungehindert fressen kann, ohne daß es zu Raufereien und Bissen kommt. Da die Zähne der Kleinen schon recht scharf sind, sollte man in dieser Zeit das Gesäuge der Mutter regelmäßig kontrollieren. Bei Bißwunden am Gesäuge muß rasch eine ungefährliche Natursalbe in geringen Mengen aufgetragen werden.
Bei der Aufzucht der Jungen sollte man den Vater nicht vergessen, da auch er sich liebevoll um seinen Nachwuchs kümmert. Schon bei der Geburt ist er dem Muttertier behilflich, trocknet die Kinder und leckt sie

ab, wenn der weitere Geburtsvorgang noch nicht beendet ist. Selbst wenn er sich noch nach Wochen vom Futterplatz verdrängen läßt, zeigt er uns, wie ernst ihm diese Vaterschaft ist. Diese ungestörten Elternaufzuchten tragen auch sehr zur gesunden Entwicklung der Jungen bei. Für einen kleinen Hobbyzüchter ergeben sich gleichzeitig ideale Verhältnisse für die Haltung dieser Tiere.

Wenn die Milchquellen versiegen und die Jungen schon recht eigenständig wirken, naht im Alter von 6 Wochen die Zeit des Absetzens. In dieser Zeit kann man den Nachwuchs gemeinsam in einen eigenen Käfig umsetzen. Die Jungen sind jetzt eine stürmische Rasselbande und rauben der Mutter wahrlich ihren letzten Nerv. Man muß ihr jetzt die gewünschte Ruhe gönnen, auch wenn sie nicht wieder trächtig ist. Aber auch an die Jungen muß gedacht werden, da sie jetzt kräftig wachsen und mehr Lebensraum beanspruchen. Im Alter von 10 Wochen kann man daran denken, den Nachwuchs unbeschadet abzugeben. Sie sind jetzt in einem Alter, in dem sie sich sehr schnell an eine neue Umgebung gewöhnen und rasch zahm werden.

Was tun, wenn unser Chinchilla erkrankt?

Von Natur aus sind Chinchillas sehr robuste und widerstandsfähige Tiere. Die meisten Erkrankungen entstehen daher eher durch eine falsche Ernährung. Es gehört aber auch zu einer sorgfältigen Pflege, daß wir unser Tier täglich beobachten, ob sich sein Allgemeinbefinden verändert. Kauert unser Chinchilla ständig ruhig in der Käfigecke, ist das ein Anzeichen dafür, daß ihm etwas fehlt. In solchen Fällen schauen wir es uns genau an und untersuchen seinen Kot. Finden wir am Morgen kaum Kot vor oder ist er gar feucht, liegt mit Sicherheit ein Unwohlsein vor. Beim Verdacht auf eine ernsthafte Erkrankung sollten wir unbedingt einen Tierarzt aufsuchen. Auch schwere Verletzungen sollten nur von einem Tierarzt diagnostiziert und behandelt werden. Dieses Kapitel soll uns daher keinen Tierarzt ersetzen, sondern behilflich sein, Krankheiten zu erkennen und ihnen vorzubeugen. Harmlose Veränderungen können wir selbst behandeln, da sie nicht selten auf eine Unachtsamkeit bei der Pflege zurückzuführen sind.

Mangelerscheinungen

Symptome: Mattigkeit, Bewegungsunlust, Appetitlosigkeit, Magersucht, Hautveränderungen, schlechtes Fell und Haarverlust.

Bei einer artgerechten und ausgewogenen Ernährung sind Mangelerscheinungen fast ausgeschlossen. Frische Pellets sind ausreichend vitaminisiert, und alle handelsüblichen Ergänzungsfuttermittel für Chinchillas decken den sehr kleinen Tagesbedarf. Besonders in den Wintermonaten und nach einem Haarwechsel kann es jedoch zu einer Unterversorgung kommen, die man aber leicht selbst beheben und behandeln kann, wenn eine mineral- und vitaminhaltige Zusatzkost geboten wird. Schon eine getrocknete Hagebutte pro Tag oder andere Trockenfrüchte in kleinen Mengen erhöhen Gesundheit und Vitalität. Zusätzlich kann man etwas Leinsamen und einige Weizenkeimsprosse 3- bis 4mal in der Woche dem täglichen Futter beimischen. Schon nach kurzer Zeit wird sich zeigen, daß man auf zusätzliche Medikamente und Vitaminpräparate verzichten kann.

Merke: Niemals eine völlige Futterumstellung vornehmen, wenn nötig, nur sehr langsam über mehrere Tage verteilt.

In hartnäckigen Fällen ist ein Tierarzt aufzusuchen.

Krankheiten

Futterumstellung

Symptome: Durchfall, Magersucht, erhöhter Wasserbedarf, Komplikationen während der Trächtigkeit, Jungtiersterben und Milchverlust.
Eine Futterumstellung ist immer ein gravierender Eingriff in die Verdauungsabläufe unseres Chinchillas. Wir sollten uns daher dringend davor hüten, ständig andere Grundfuttermittel (Pellet, Mischfutter) auszuprobieren. Lassen wir uns von der Werbung, die immer bessere Sorten verspricht, nicht täuschen und bleiben beim gewohnten Futter. Wer eine artgerechte Chinchillanahrung anbietet, sollte sich auch nicht von den vielen Geheimtips anderer Halter beeinflussen lassen, denn unser Chinchilla, der an sein Futter gewöhnt ist, muß nicht unbedingt auch fremdes Futter vertragen.
Anders sieht die Sachlage aus, wenn bisher kein typisches Chinchillafutter verabreicht wurde. Doch auch dann heißt die Devise: langsam über mindestens 2 Wochen umstellen und in der Zwischenzeit auf Heu als Grundnahrung aufbauen.
Merke: Eine plötzliche und totale Futterumstellung kann zum Tode führen oder zumindest die Gesundheit gefährden. Können wir auftretende Gesundheitsschäden nicht sofort beheben, müssen wir so schnell wie möglich den Tierarzt aufsuchen.

Darmerkrankungen

Auch Darmerkrankungen sind in den meisten Fällen ernährungsbedingt und bei genauer Beobachtung von uns leicht zu behandeln. Trotzdem muß man die Sache sehr ernst nehmen und die Losung häufig beobachten. Die Beschaffenheit des Kotes ist immer ein Zeichen für die gesundheitliche Verfassung unseres Chinchillas. Eine gesunde Losung ist trocken, kompakt und fast eiförmig, dagegen deuten langgestreckte und dünne Kotformen auf eine Verstopfung hin. Ist der Kot weich und feucht, so liegt eindeutig eine Durchfallerkrankung vor, die dringend einer Behandlung bedarf.
Symptome: Langgestreckter, dünner Kot.
Eine leichte Verstopfung ist durchaus zu beheben. Meist hilft schon eine bessere Futterverwertung durch mehr Rohfaseranteile (Heu). Obendrein kann ein aktiver Auslauf am Abend die nötige Bewegung bringen, um den Verdauungsapparat in Gang zu setzen. Zusätzliche Erleichterung verschafft eine Messerspitze Karlsbader Salz ins tägliche Trinkwasser.
Merke: Bei Verstopfung Mischfutter verringern und Grünfutter nur etwas einschränken. Chronische und starke Verstopfungen benötigen eine tierärztliche Behandlung.
Symptome: Weicher, feuchter Kot.
Auch Durchfall ist im Rahmen unserer Pflege selbst zu beheben. Leichte Durchfallerscheinungen haben ihre Ursache meist in verdorbenen Futtermitteln oder im

Überangebot frischen Saftfutters. Auch in solchen Fällen ist die Gabe von gutem Heu die erste Hilfe, da das ballaststoffreiche Heu leicht verdaulich ist und regulierend wirkt. Bei Jungtieren verringere man zusätzlich die Grundfuttersorten. Ein Teelöffel Apfelessig ins Trinkwasser erhöht die Abwehrkräfte unserer Chinchillas.
Merke: Trockenes und gutriechendes Heu kann Linderung verschaffen.
Mischfutter, Pellets und andere Futterergänzungen müssen auf ihre Frische hin überprüft und in Zweifelsfällen ausgetauscht werden. Haben alle Maßnahmen zu keinem Erfolg geführt, liegt der Verdacht nahe, daß eine ernsthafte Darmerkrankung vorliegt. In solchen Fällen muß der Tierarzt aufgesucht werden. Die gesamte Chinchillawohnung muß völlig gereinigt werden, wenn nötig, sogar täglich. Auch das Schlafhaus und die Sitzbretter müssen sehr sauber gehalten und eventuell desinfiziert werden.

Das Fellfressen

Umwelteinflüsse, die aus der Haltung und Pflege resultieren, können beim Chinchilla zum Fellfressen führen. Es ist eine der schlimmsten Unarten, die wir uns als Halter dieser Tiere vorstellen können. Diese Handlungsweise ist weniger durch physische als vielmehr durch seelische Probleme bedingt und kann nur dadurch verhindert werden, daß wir unser Chinchilla artgerecht halten und versorgen. Mit Medikamenten kann das Fellfressen kaum verhindert werden. Auf sich selbst gestellte und isolierte Tiere fangen oft damit an, das eigene Fell anzuknabbern. Bei Heimtieren ist dieses krankhaft werdende Verhalten recht selten und spielt daher eine untergeordnete Rolle. Erleben wir jedoch eine solche Verhaltensweise oder erwerben gar ein Chinchilla mit dieser Eigenschaft, so gilt die Devise, sich so häufig wie nur möglich mit dem Tier zu beschäftigen. Spiel und Beschäftigung sind die beste Garantie, daß es nicht zum Fellfressen kommt. Eine optimale Ernährung, frische Luft, kein streßverursachender Lärm und Sauberkeit können ein übriges dazu beitragen. Einsamkeit und Langeweile sind die Hauptfeinde des Chinchillas, sie zu vermeiden ist wohl eine Selbstverständlichkeit.

Erkältungen

Symptome: Schnupfen, Hüsteln, Durchfall und Atembeschwerden sowie Appetitlosigkeit bei vermehrtem Durstgefühl.
Erkältungskrankheiten können sich leicht einstellen, wenn die Tiere zu lange in überheizten, feuchten und naßkalten Räumen untergebracht sind. Als fürsorglicher Chinchillafreund wird man stets solche Klimaverhältnisse vermeiden. Auch Zugluft stellt eine enorme Gefahr dar und sollte auf jeden Fall vermieden werden. Ansonsten weiß man aber aus Erfahrung, daß Erkältungskrankheiten recht selten und in

leichten Fällen problemlos zu behandeln sind. Doch auch hier kann eine zu spät oder gar nicht behandelte Erkältung auch das kräftigste Chinchilla in Lebensgefahr bringen.
Als Sofortmaßnahme bringen wir das erkältete Tier in einen Raum mit einer gleichmäßigen Temperatur von 21 °C. Als Nahrung reichen wir nur Heu und eine Hauptmahlzeit von ca. 10 g Pellets täglich. Zur Stärkung der Abwehrkräfte verabreichen wir ein Vitamin-C-haltiges Präparat und Echinacea angustifolia (homöopathisch, aus der Apotheke, 1–2 Teelöffel der Tinktur auf 250 ml Wasser verdünnen) über das mehrmals am Tage zu wechselnde Trinkwasser. Auch die Dämpfe eines Inhalationsbades, in der Nähe des Käfigs aufgestellt, können mehrmals täglich für 3–5 Minuten die Hals- und Nasenwege frei machen. In sehr ernsten Fällen ist es jedoch ratsam, rasch einen Tierarzt aufzusuchen.

Hauterkrankungen

Symptome: Entzündungen am Kopf und im Geschlechtsbereich. An den befallenen Hautstellen fällt das Haar aus. Die Hautrötungen breiten sich langfristig aus.
Hauterkrankungen sind selten, und alle Erfahrungen sprechen dagegen, daß bei einem gutgepflegten Heimtierchinchilla derartige Erkrankungen auftreten. Das phantastische Fell schützt unser Chinchilla ausreichend vor allen Umwelteinflüssen. Zu den berühmten Ausnahmen zählen allerdings kleine Schimmelpilze (Trichophyton mentagrophytes). Durch sehr schlechte und veraltete oder durch feucht gewordene Heugaben kann sich der Pilz mittels seiner Sporen vom Heu auf das Tier übertragen. Frühzeitig erkannt, ist eine gute Heilung möglich. Eine tierärztliche Behandlung ist in diesem Fall jedoch dringend zu empfehlen, da auch die Gefahr der Übertragung auf den Menschen besteht. Da es eine akute Ansteckungsgefahr gibt, ist ein kurzzeitiges Trennen und Isolieren von den anderen Chinchillas und Haustieren unumgänglich. Inwieweit ein Befall dies notwendig macht, muß der Tierarzt entscheiden.
Als Sofortmaßnahme vernichten wir alle Heuvorräte und reichen frischduftendes Heu. Dann desinfizieren wir den Käfig und besprechen gleichzeitig mit dem Tierarzt ein Sofortprogramm. Ein Bekämpfungsmittel, das in das tägliche Sandbad gestreut wird, ist eine der vielen Möglichkeiten.

Parasiten

Bei einer sauberen Chinchillahaltung ist ein parasitärer Befall unwahrscheinlich. Die Beschaffenheit des Chinchillafelles ist so einmalig, daß sich Flöhe, Läuse und Milben ungern mit einem Chinchilla beschäftigen. Möchte man jedoch sichergehen, kann man beim monatlichen Generalputz eine reinigende Desinfektionslösung im Chinchillakäfig verwenden. Ein-

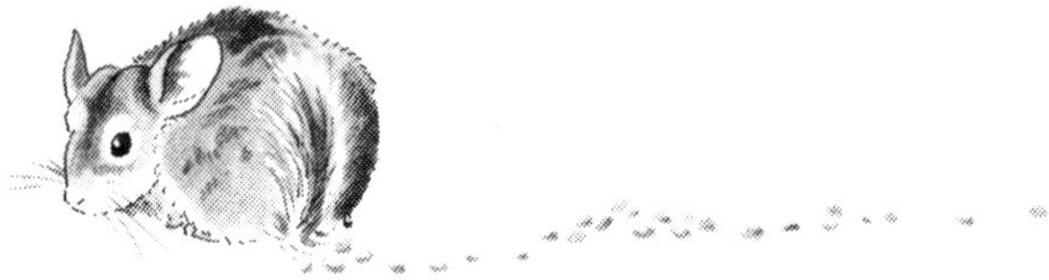

mal im Monat angewandt, kann auch etwas Euformalpuder im Sandbad unser Gewissen beruhigen.

Verletzungen

Kleinere Wunden können wir leicht selbst behandeln, liegt jedoch der Verdacht auf eine innere Verletzung vor, dann müssen wir das Chinchilla von einem Tierarzt behandeln lassen.
Obwohl die Proportionen eines Chinchillas recht kompakt wirken, so ist er doch ein geschickter Springer und Flitzer, und selbst kleine Stürze übersteht er besser, als wir es uns vorstellen können. Verstauchungen und Prellungen sind daher selten und werden im Ernstfall mit der natürlichen Heilkraft der Arnica geheilt. Arnica D6 innerlich und Arnicatinktur äußerlich aufgetragen bringt bei mehrmaliger Anwendung am Tage bald Linderung. Offene Wunden wie z. B. Biß-, Schnitt- und Rißwunden waschen und desinfizieren wir mit Calendula-Tinktur. Eine Nachbehandlung mit wenig Calendula-Salbe (Apotheke) führt rasch zur Heilung ohne größere Vernarbungen, und das Fell kann leicht wieder nachwachsen.
Bei einer offenen Wundbehandlung empfiehlt es sich, als Einstreu vorübergehend Zeitungspapier statt der Späne zu verwenden.

Vorhautprobleme bei den Böcken

Bei geschlechtsreifen Böcken kann es vorkommen, daß sich unter der Vorhaut ein Ring von Haaren um den Penis sammelt. Wird ein solcher Haarring nicht entdeckt und entfernt, entstehen schwere Entzündungen. Unter großen Schmerzen stirbt das Glied ab oder wird durch die geringe Blutzufuhr geschädigt. In schweren, nicht erkannten Fällen droht sogar der qualvolle Tod des Chinchillabockes, der dann jedoch auf unser Verschulden zurückzuführen wäre.
Beobachten wir einen Bock, der hochbeinig sitzt oder sich ständig an seinem Geschlechtsteil leckt und beißt, müssen wir eingreifen und eine Kontrolluntersuchung machen. Im Ernstfall kann der Schmerz auch so groß sein, daß der Bock häufig mit zugekniffenen Augen in der Ecke kauert und keine Nahrung aufnimmt.
Wenn wir sichergehen wollen, untersuchen wir regelmäßig das Glied und schieben vorsichtig die Vorhaut zurück. Sollten wir bei einer Kontrolle haarige Fremdkörper entdecken, so entfernen wir sie mit Calendula-Öl (Apotheke oder Reformhaus) oder einem gleichwertigen Babyöl. Zwar kann man eine solche Behandlung selbst vornehmen, doch ist es bei unerfahrenen Tierhaltern angebracht, diese Behandlung einem Tierarzt zu überlassen.

Die Eingabe von Medikamenten

Wenn unser Chinchilla an seine Trinkflasche im Käfig gewöhnt ist, können im Krankheitsfall verschiedene Präparate (vorsichtig dosiert) über das Getränk gereicht werden. Vom Karlsbader Salz über Apfelessig und Vitaminpräparaten, die wasserlöslich sind, erreicht man so eine optimale Versorgung.

Eine andere Möglichkeit der Verabreichung hat man mit Hilfe einer kleinen Pipette oder einer Einwegspritze (selbstverständlich ohne Nadel). Tropfen und wasserlösliche Tabletten können so genau dosiert werden, indem man sie vorsichtig in den Mund einfließen läßt. Homöopathische Tabletten lassen sich in wenigen Tropfen Wasser lösen und können fast flüssig verabreicht werden, wenn wir die gleiche Arznei nicht als Tropfen erhalten können oder vorrätig haben.

Chinchillas in freier Natur

Die Heimat der Chinchillas liegt im westlichen Teil Südamerikas, der von der größten zusammenhängenden Gebirgskette der Welt durchzogen wird. Die Tierwelt dieser Andenkette ist recht spärlich und wird von außerordentlichen Spezialisten bewohnt. Kälte, Wind und Nahrungsmangel sind die vorherrschenden Bedingungen, die die trockene und steinige Heimat unserer Chinchillas prägt. Je höher unsere Gebirgsbewohner vorkommen, um so schwieriger wird das Leben. Der geringe Sauerstoffgehalt und die extrem trockene Luft in der kargen Natur erlauben nur noch wenigen Tieren und Pflanzen das Überleben.

Die Luftfeuchtigkeit ist oftmals so gering, daß sie häufig nur 30% erreicht. Richtige Regenzeiten gibt es nicht, und Niederschläge sind sehr selten, das meiste Regenwasser fällt im Winter als Schnee.

Wenn die Sonne tagsüber herunterbrennt, leben die Chinchillas versteckt in Höhlen und Felsspalten, die ihnen gleichzeitig auch als Schutz vor ihren Feinden dienen. Nur nach Sonnenaufgang und vor Sonnenuntergang kommen sie zum Fressen hervor und nutzen die Sonne für ein wärmendes Bad. Ansonsten spielt sich das aktive Chinchillaleben nur in der Nacht ab, da die hohen Sonnentemperaturen erst in der Nacht auf kühle und erträgliche Werte absinken und die meisten Feinde tagsüber auf die Jagd gehen.

Obwohl die natürliche Umwelt wenig Nahrung bietet, leben Chinchillas nicht als Einzelgänger oder in Paaren. In ihrem Sozialverhalten bevorzugen sie zwar ein eheähnliches Verhalten, leben aber in kleinen Gesellschaften, die ganze Kolonien bilden können. Da sie auf Genügsamkeit spezialisiert sind, stellen andere Artgenossen keine Nahrungskonkurrenz dar, und ein Einzeltierdasein erübrigt sich. Das Gruppenverhalten hat wahrscheinlich eine Schutzfunktion, die sie vor Feinden warnt.

In ihren Höhlen leben sie gesellig, auch wenn sie ständig Paare bilden. Diese Form der Verträglichkeit ist für uns als Chinchillahalter von großer Bedeutung, da eine gute Eingewöhnung und Gruppenhaltung möglich wird.

Vermutlich werden sie in ihren kühlen Schlupfwinkeln nicht nur durch das dichte Fell, sondern auch durch Artgenossen vor dem Verlust der Körperwärme geschützt, wenn sie Körper an Körper in ihrer Felsspalte die Tagesruhe genießen. Das Gesellschaftsleben hat also eine wichtige soziale Schutzfunktion für die Sicherheit des einzelnen Tieres.

Da die Vegetationsperioden in den Hochanden sehr kurz sind, müssen die Chinchillas mit sehr wenig Nahrungsvielfalt auskommen. Getrocknete Pflanzen, Sämereien, trockene Früchte, Wurzeln und Rinden sind neben den Kakteen die einzigen Nahrungsquellen, die nicht einmal im Übermaß angeboten werden. Dieses Futter ist nicht sehr nährstoffreich aufgebaut und enthält einen sehr hohen Faseranteil.

Trotzdem können Chinchillas durch ihren besonderen und sehr langen Darmtrakt jedes Futter restlos auswerten und selbst aus einem trockenen Grashalm noch eine Vollwerternährung herausziehen.
Damit unser Chinchilla als Heimtier nicht überernährt wird, brauchen wir uns nur an die Regel des sehr sparsamen Fütterns zu halten und die artgerechte Nahrung anbieten.
Durch das Klima in ihrer Heimat entwickelten die Chinchillas ein einzigartiges Fell von extremer Dichte. Der strukturelle Aufbau der Haare ist so speziell, daß er von keinem anderen felltragenden Tier in dieser Form erreicht wird. Die Haut besitzt seltsamerweise keine Talg- und Schweißdrüsen, das Fell ist somit frei von Fett und nicht wasserabstoßend. Daraus kann man schließen, daß die sandigen und trocke-

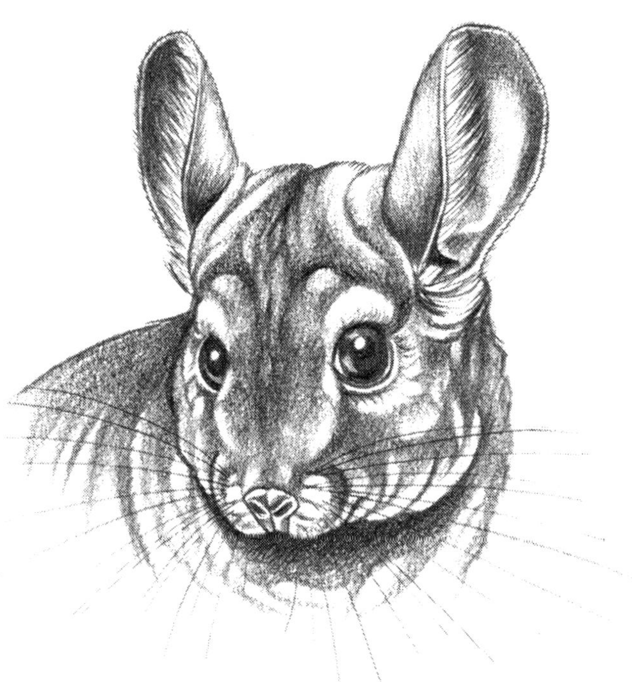

Die langen Tasthaare dienen dem Chinchilla zur besseren Orientierung bei Nacht.

nen Geröllzonen der Anden kein feuchtes Klima besitzen und kaum Niederschläge erhalten, denn ansonsten wäre das Chinchilla mit diesem sehr weichen und leichten Fell nicht lebensfähig. Diese Spezialisierung ist daher für ein kaltes und trockenes Klima wie geschaffen.
Am Kopf des Chinchillas fallen die langen Tasthaare auf. Sie dienen zur leichteren Orientierung in der Nacht. Der sehr lange buschige Schwanz erinnert eher an ein Eichhörnchen.
Das Haarkleid der Chinchillas ist aus zwei Haarformen aufgebaut. Man unterscheidet die Grannenhaare und die Wollhaarbüschel. Interessant und einmalig ist der Aufbau der Haarbüschel, die nur eine Haarwurzel haben und aus mehreren Dutzend Einzelhaaren bestehen können. Diese Haare verleihen dem Fell die nötige Dichte und lassen es seidig und weich erscheinen. Sie sind so leicht, daß eine Handvoll dieser Haarbüschel kein Gramm Gewicht erreichen. Als Einzelhaar sind die Grannen die »Stützpfeiler« des Felles und im Aufbau wesentlich stärker und härter als die Wollhaarbüschel. Sie geben dem Fell den elastischen Halt und richten es immer wieder auf, wenn der Wind gegen das Haarkleid bläst.
Kein kalter Wind kann so die empfindliche Haut erreichen. Mit dieser phantastischen Felleigenschaft können wir leicht verstehen, daß Chinchillas bei Hitze empfindlich reagieren und bei Kälte bestens geschützt sind.
Da Chinchillas ihr Fell nicht in Wasser oder feuchtem Gras baden können, wälzen sie sich zur Schönheitspflege im weichen Geröllsand und reinigen dadurch das wertvolle Pelzchen.
Eine andere, bei Säugetieren ebenfalls recht seltene Besonderheit der Chinchillas zeigt sich im Fellabstoßen, wenn eine außerordentliche Gefahr besteht. Dieses blitzschnelle Verlieren ganzer Haarpartien kann ein Chinchilla vor dem Zugriff seiner Feinde schützen. Greifvögel und der Andenfuchs gehören zu den natürlichen Feinden, die beim Zugriff oftmals statt der Beute nur Haare im Fang oder Schnabel haben, während das Chinchilla flüchtet. Dieses Verhalten kennen wir auch beim Heimtier, wenn verängstigte oder verschreckte Tiere Haare abstoßen.

Sinnesleistungen

Betrachten wir die großen Augen eines Chinchillas, werden wir leicht feststellen können, daß sie an die dämmerungs- und nachtaktive Zeit voll angepaßt sind. Besser als das menschliche Auge können sie auch noch im Halbdunkel sehr gut sehen. Chinchillas müssen sich vermutlich auch auf ihr Sehvermögen verlassen, wenn sie sich in den wildzerklüfteten Felslandschaften blitzschnell und sicher fortbewegen.
Zu einer weiteren perfekten Anpassung an die Umwelt gehören auch die feinen und sehr gut ausgebildeten Ohren. Allein schon die Größe verrät, daß der Gehörsinn ausgezeichnet entwickelt ist. Ein Chinchilla kann noch hohe Tonfrequenzen wahrnehmen, die für das menschliche Gehör uner-

reichbar sind. Da sich Chinchillas untereinander durch verschiedene Laute verständigen, hat sich praktisch eine sehr einfache Sprache entwickelt, die Freude und Unmut ausdrückt, aber auch Warnungen und Hilferufe enthält. Diese Sprache ist gleichzeitig auch ein Ausdrucksmittel für ein soziales Miteinander. Über das feinsinnige Gehör können demnach sehr viele Geräusche unterschieden werden, die wir auch zu Hause bei unserem Tier sehr gut beobachten können. Chinchillas lernen sehr schnell, sich an den Geräuschen ihrer Umwelt zu orientieren. Wir sollten deshalb niemals darauf verzichten, uns mit dem Chinchilla zu »unterhalten«. Sie werden zwar unsere Worte nicht verstehen, können aber am Ton nicht nur ihren Pfleger erkennen, sondern auch dessen Stimmung.

Das hohe Fiepen sehr junger Chinchillas ist mehr oder weniger ein Hilferuf, wenn sie sich verloren fühlen und z. B. den Schutz der Mutter benötigen. Diese wiederum erkennt an der Stimme ihr hilfesuchendes Kind. Schaltet sich ein anderes Weibchen ein, wird es vom Muttertier mit einem schnellen Meckern und Pfeifen vom Kind vertrieben. Weibchen, die häufig im Sozialverhalten dominierend sind, verweisen ein Männchen oftmals mit einem energischen Meckern, und dieses wartet dann geduldig, bis sich die Situation geklärt hat. Schon diese kleinen Verhaltensbeispiele verdeutlichen den Grad und die Bedeutung einer Lautäußerung, wobei sich Chinchillas nach meiner Vermutung auch gegenseitig an der individuellen Stimme erkennen können. Sie müssen nur einmal die Freude Ihres Chinchillas erleben, wenn sein feines Gehör Ihre Geräusche schon von weitem wahrnimmt.

Neben dem hervorragenden Gehörsinn ist auch der Geruchssinn verhältnismäßig gut entwickelt. Duftsignale sind auch für ein Chinchilla wichtige Ausdrucksformen beim sozialen und sexuellen Umgang. Sie dienen der Abwehr von Feinden und Gruppenrivalen und sind notwendige Reizpunkte in der Paarungszeit, denn das Männchen benötigt die Duftsignale des Weibchens, wenn es paarungsbereit ist. Obendrein erkennen sich Chinchillas untereinander am persönlichen Geruch. Wer nicht die bekannte Duftnote wie einen Paß mit sich herumträgt, kann schnell mit scharfem Meckern verdrängt werden.

Wenn man sich über einen längeren Zeitraum mit Chinchillas beschäftigt, wird man noch viele interessante Verhaltensweisen beobachten und seine Tiere immer besser verstehen lernen. Ein Chinchilla, das richtig gepflegt wird, fühlt sich bald in seiner Menschenfamilie glücklich und geborgen. Chinchillas haben es verdient, ein glückliches Dasein zu führen, und mit Verständnis und Einfühlungsvermögen können wir alle dazu beitragen, unserem Chinchilla ein lebenswertes Schicksal zu schenken. Sein traumhaft schönes Fell zu streicheln ist ein Erlebnis und bringt am lebenden Tier sicherlich mehr Freude als eine Jacke aus Chinchillapelz, die uns im eigentlichen Sinn keine Werte mehr bringt.

Register

Register

7

Es beginnt mit dir

Ganz am Anfang steht die Haltung und die Einstellung – deine Einstellung. Es fängt bei dir an. Wenn du dich nicht aktiv und freiwillig für den Erfolg entscheiden möchtest, kannst du dieses Buch gleich wieder zur Seite legen. Du musst es wollen. Es ist einfach, deinen Eltern die Schuld zu geben, deiner Kindheit, dem bösen Jungen im Kindergarten, der dir einst die Schaufel klaute. Dem Lehrer, der dein Potenzial nicht erkannte. Anderen die Schuld zu geben, ist schließlich sehr viel einfacher und bequemer, als sich selbst zu hinterfragen. Ich lasse es einfach. Und das solltest du auch. Das Leben ist nicht einfach – fertig. Es ist ein Prozess und es liegt nur an dir, das anzunehmen und etwas Ordentliches daraus zu machen. Nur du bist für dein Leben verantwortlich. Und wenn du nicht zufrieden bist, dann liegt es an dir, das zu ändern. Anderen die Schuld zu geben ist eine Sackgasse. Denn egal, was dir in deinem Leben vielleicht bereits angetan wurde, tue ihnen doch nicht auch noch die Genugtuung, dass sie dich sogar Jahre später noch von deinem Erfolg abhalten. Nur du kannst den Weg wählen, der dich an dein Ziel bringt. Dein Chef hat einen anderen befördert? – Schmollen hilft nicht. Frag ihn direkt warum. Bitte um konstruktives Feedback, nimm es an, notiere es dir, analysiere. Und mach weiter. Dein Projekt ist gescheitert? – Schade. Anstatt dich jetzt verärgert und enttäuscht zu verkriechen, finde heraus, wie du es das nächste Mal besser machen kannst. Deine Mitarbeiter sind nicht deiner Meinung? – Reflektiere deine Meinung und ob ihr gemeinsam eine bessere Lösung finden könnt. Dein Kunde kauft nicht bei dir? – Das kann nur an dir oder dem Produkt liegen. Nicht aber am Kunden. Also beschwer dich nicht über dessen Dickköpfigkeit oder Unwissenheit. Überlege stattdessen, ob du die richtigen Fragen gestellt, zugehört und die Situation korrekt eingeschätzt hast. Ich wiederhole: Die Verantwortung für dein Leben und deine Karriere beginnt und endet in jedem Moment deines Lebens bei dir. Sicher kannst du nicht jede Situation kontrollieren und es wird viele Momente geben, in denen die Dinge nicht so laufen, wie du geplant hast. Aber gerade in diesen Momenten zeigt sich, wer du und wozu du in der Lage bist. Deine Haltung liefert die Vorlage für deinen nächsten Schritt. Und den Schritt danach. Jeden Tag. Daher wird sie in jeder der folgenden Workbook Lektion immer wieder zur Sprache kommen. Tatsächlich gibt es für mich kaum ein wichtigeres Thema als die eigene Haltung.

Wie ich die Wichtigkeit meiner eigenen Haltung erkannte

Ich werde dir keine hübschen Diagramme und gut klingenden Selbsthilfemethoden verkaufen, wie du sie in anderen schlauen Karriereratgebern zuhauf findest. Ich erzähle dir stattdessen von meinen Erfahrungen und nenne konkrete Beispiele aus meiner Vertriebswelt. Du wirst sehen, wie mich meine Haltung dahin gebracht hat, wo ich heute stehe und auch zukünftig dorthin bringen wird, wo ich hinmöchte. Und wie dir das beim Erreichen deiner eigenen Ziele hilft. Dafür muss ich kurz ausholen: Es mag dich erstaunen, aber ich wollte nie Vertriebler werden. Ich habe mit 16 Jahren eine Hotellehre angefangen, weil ich den Gedanken cool fand, eines Tages ein Hotel zu besitzen. Nach vier Tagen schmiss ich hin. Meine etwas vage Begründung damals: Es war einfach nicht meins, cooles Hotel hin oder her. Zum ersten Mal in meinem Leben war die Basis weg.

Und wie es sich für einen sturköpfigen 16-Jährigen gehört, nahm ich partout keinen Rat an. Vielleicht lag es an der Pubertät oder daran, dass ich schon immer eher auf mich selbst hörte. Denn wenn viele beliebige Leute dir ebenso beliebige Ratschläge geben, stellst du schnell fest, dass dir die meisten davon wenig bringen. Zwar meint es jeder gut, kann dir aber gleichzeitig nur das raten, was er selbst erlebt hat. Der beste Ratschlag hilft nichts, wenn meine Situation eine ganz andere ist. Habe also ein offenes Ohr für Ratschläge, aber höre immer auch auf dein Bauchgefühl, wenn es darum geht, welchen du annimmst.

Also hörte ich zu und lernte zu filtern. Eines Tages schaute ich aus dem Fenster und stellte plötzlich und unerwartet fest, dass die einfachste Lösung direkt vor der Tür lag. Unser Nachbar Harald ging morgens stets um neun Uhr aus dem Haus, war um 17 Uhr wieder da und schien einer Tätigkeit nachzugehen, die ihn erfüllte. Das sah gut aus. Den Job wollte ich auch! Ich war pragmatisch. Also rief ich Harald so lange an, bis ich das Praktikum bei dem lokal ansässigen Finanzvertrieb hatte, bei dem er als Führungskraft arbeitete. Ich war ein furchtbar schlechter Praktikant. So schlecht, dass ich ein Protokoll an den falschen Kollegen schickte. Der Fehler lag bei mir, aber das wollte mein 16-jähriges Ich nicht einfach so akzeptieren. Wie gesagt: beratungsresistent. Als ich erfuhr, dass der Kollege, der das Protokoll fälschlicherweise bekommen hatte, sich bei meinem damaligen Chef beschwerte, war ich darüber so sauer, dass ich ihm von da an nur noch mit Vorbehalt begegnete. Das war nicht sehr erwachsen und auch nicht sehr schlau. Denn wie gesagt, den Fehler hatte ich gemacht, nicht er. Aber es ist nun einmal immer einfacher, dem anderen die Schuld zu geben. Dann müssen wir uns auch nicht damit auseinandersetzen, dass wir selbst nicht perfekt sind. Das war meine erste Praxislektion in Sachen Haltung. Der einzige Mensch, auf den ich sauer sein konnte und durfte, war ich. Es gab nie einen großen Moment der Selbstfindung, in dem mir das klar wurde. Ich war eher genervt, dass ich so genervt war.

Also setzte ich mich hin und überlegte, woran es lag. Sicher gab es da ein paar Baustellen, aber am Ende des Tages lag es an mir. An meiner Einstellung. Und die konnte ich ändern. Als ich das verstand, konnte ich auch meine Wut gegenüber dem Kollegen ablegen, der ja nichts falsch gemacht hatte. Das war tatsächlich recht einfach und hat sich im Nachhinein außerdem ausgezahlt, denn – Spoilerwarnung – ausgerechnet diesem Kollegen verdankte ich eine frühe Beförderung. Damit waren aber noch längst nicht alle Probleme gelöst. Denn das falsch verschickte Protokoll war nur eines meiner kleineren Vergehen.

Unser Nachbar Harald ging also nach vier Wochen zu meinen Eltern, um ihnen zu sagen, dass er keine Zukunft für mich in dem Finanzvertrieb sehe. Es wäre ein Leichtes gewesen, hinzuschmeißen und mir selbst leid zu tun. Ein wenig schmollen und anschließend etwas anderes suchen. Aber das passte mir nicht. Passte nicht zu meiner neu gewonnenen Haltung. Also nahm ich die Herausforderung an. Ich lernte, was ich lernen musste. Darunter auch, dass ich nicht von Natur aus leicht lerne, jemand bin dem alles nur so zufliegt, sondern im Gegenteil, dass ich mir Dinge aneignen muss. Und als ich das mir selbst gegenüber zugab, lernte ich, was mich wirklich motiviert: Wer mich richtig pushen will, muss mir nur sagen, dass ich es nie schaffe. Harald war vielleicht der Meinung, dass sein Unternehmen und ich nicht zusammenpassten – und vermutlich hatte er in diesem Moment auch recht damit. Aber anstatt mich auf das Negative zu konzentrieren, setzte ich mich hin und analysierte die Situation. Was musste ich tun, was musste ich ändern, was konnte ich beeinflussen? Schritt für Schritt wurde es besser. Ich wurde besser. Und dann wurde ich richtig gut. Drei Monate später wollte ich einen Ausbildungsplatz.

Den bekam man allerdings nur nach einem bestandenen Einstellungstest. Man schickte mich also dort hin, auch wenn vieles gegen mich sprach. Im Unternehmen waren sie mehrheitlich der Ansicht, dass man diesen Test als Realschüler nur schwer bestehen konnte und schon gar nicht, wenn man gerade einmal 16 Jahre alt war. Ich war beides. Nun hätte ich mich drücken können. Aber ich habe es positiv gesehen. Was hatte ich denn zu verlieren? Darüber hinaus wollte ich es allen beweisen.

Mir am meisten. Da begriff ich auch zum ersten Mal, dass ich spiele, um Erster zu werden. Also lernte ich. Und lernte. Und als man mir schließlich den Test vorlegte, war ich da. Mit Herz und Hirn. Fokussiert auf das, worauf es ankam, nicht auf Gerüchte oder die Meinungen der anderen. Ich bestand. Es war ein Wendepunkt. Seitdem habe ich mich nie wieder umgedreht. Ich wurde der damals jüngste Senior-Verkäufer, die jüngste Führungskraft mit Personal- und Führungsverantwortung und Umsatzverantwortung in dreistelliger Millionenhöhe und übernahm im Anschluss die größte Direktion des Unternehmens. Seit ich 16 bin, war ich immer der fleißigste in meinem Team, nicht der talentierteste. Das machte den Unterschied. Bis heute.

Haltung ist nicht gleich großes Ego

Gleichzeitig muss ich zugeben, dass ich nicht viel vom Personenkult halte. Egal, wie viele Mitarbeiter ich führe, es geht nicht um mich. Wenn der Vorstand mich für meine Arbeit lobt, ist das zwar nett. Aber wenn es im nächsten Monat nicht mehr läuft, bringt mir das Lob nichts mehr. Die Beziehung zwischen Arbeitnehmer und Arbeitgeber oder in meinem Fall Franchisegeber ist für mich mit der Bezahlung geregelt. Ich werde dafür bezahlt, gute Arbeit zu leisten. Das wird von mir erwartet und das erwarte ich genauso von jedem meiner Mitarbeiter.

Wir sind zum Arbeiten hier. Nicht mehr, nicht weniger. Am Ende des Tages verkaufen wir nur Produkte. Natürlich ist es ein schönes Gefühl, wenn du Menschen einen Wagen verkaufst, mit dem sie von A nach B kommen und in den Urlaub fahren können. Aber wir arbeiten nicht für Wohltätigkeitsorganisationen. Wir sind keine Ärzte ohne Grenzen und keiner von uns sammelt hauptberuflich Plastik aus den Weltmeeren. Was wir machen, ist für die Menschheit nicht wichtig. Mit jeder anderen Wahrnehmung von uns selbst oder unserer Tätigkeit belügen wir uns nur.

Das heißt nicht, dass du deinen Job nicht ernst nehmen solltest. Es heißt aber, dass du dich nicht zu ernst nehmen solltest. Anders gesagt: Ich weiß, dass viele Menschen traurig wären, sollte ich morgen vor einen Bus laufen. Aber einen Tag später säße jemand anderes an meinem Schreibtisch. Vielleicht sogar jemand, der lernt, besser zu sein als ich. Ich will damit nicht sagen, dass wir alle kündigen und Bewerbungen an Wohltätigkeitsorganisationen schicken sollten. Mir geht es um die Frage, ob ich meinen Job so erledigen kann, dass ich mein Gehalt verdiene und am Ende meines Lebens – wohlwissend, dass mein Job nicht die Menschheit gerettet hat – mit Stolz auf mein Erreichtes, mein Verhalten, mein tägliches Tun zurückblicken kann. Das funktioniert meiner Erfahrung nach nur über meine Haltung.

Wie ich Haltung definiere

Was musst du also tun? Was ist Haltung? Was bedeutet das für dein Leben? Ich möchte diese Fragen mit einem Beispiel aus der Welt des Vertriebs beantworten. Eine der anspruchsvollsten und relevantesten Herausforderungen eines Verkäufers ist die Übernahme eines Gebietes von Kollegen oder Vorgängern, da dies eine hohe emotionale Intelligenz und Empathie benötigt. Das verstehen viele Verkäufer aber nicht. Für die meisten geht es bei den ersten Kundenbesuchen darum, das eigene Ego zu präsentieren, sich selbst anzupreisen und die eigenen genialen Ideen zu verkaufen. Außerdem beliebt: Den Vorgänger schlecht zu machen, um sich selbst in das bestmögliche Licht zu rücken. Bestärkt wird diese Vorgehensweise noch von der Tatsache, dass wir in einer Branche arbeiten, die sich gerne auf die Fehler von anderen konzentriert. Aber das ist unnötige Zeitverschwendung. Es geht auch anders.

Sagen wir also, ich bin ein Key-Account-Manager und soll nun das Gebiet meines Vorgängers übernehmen, der sich in den Ruhestand begibt und einen wirklich guten Job gemacht hat. Er war bei allen, vor allem bei den Kunden, unglaublich beliebt. Mein Ansatz ist also:

1. Ich konzentriere mich darauf, was der Vorgänger richtig gemacht hat. Daraufhin frage ich mich, durch welche kleinen Anpassungen ich das noch besser machen kann. Statt mich auf die Fehler meines Vorgängers zu stürzen, nur um mich selbst besser positionieren zu

können. Ich bin der festen Überzeugung, dass jeder Vorgänger ein guter Vorgänger ist und dass er für seine Arbeit Anerkennung verdient. Ich gehe davon aus, dass jeder seinen Job so gut macht, wie er eben kann. Es gibt keinen Grund, direkt nach dem Sand im Getriebe zu suchen, wenn ich ein wunderbar funktionierendes System übernehmen und weiter optimieren darf. So gewinnt jeder.

2. Als nächstes analysiere ich die Cash-Cows, also Produkte oder Dienstleistungen die hohe Gewinne abwerfen, ohne nach neuen Investitionen zu verlangen, und passe meine Verkaufsstrategie an die meines Vorgängers an, um diese Cash-Cows weiter zu nutzen. Welche Techniken hat er verwendet, warum haben die so gut funktioniert? Kann ich sie sogar weiter ausarbeiten und noch effizienter nutzen?

3. Mein nächster Schritt gilt den Kunden und einer ehrlichen, auf Vertrauen basierenden Zusammenarbeit. Ich lobe meinen Vorgänger und die Dinge, die funktioniert haben. Ich bestätige also die Vorgehensweise der Kunden und die meines Vorgängers, anstatt die gute Arbeit eben dieses niederzumachen, den Kunden sofort meine neue, viel bessere Vorgehensweise zu verkaufen und damit am Ende nur alle zu verunsichern. In unserem Geschäft geht es um Vertrauen und das gewinne ich nicht, wenn ich über Kollegen herziehe und die Handlung meiner Kunden kritisiere, die auf den Empfehlungen dieses Kollegen basierte.

4. Ich untersuche, welche Kundengruppen mein Vorgänger nicht aktiv angegangen ist und warum, um das System meines Vorgängers zu verfeinern.

Die Haltung hier ist also nicht, die vermeintlichen Schwächen der anderen zu suchen und sich selbst als coolen Typen darzustellen. Die bessere Haltung ist, die guten Dinge meines Vorgängers zu nutzen und weiter voranzubringen, um mein Ziel zu erreichen. Ich will Umsatz machen, ich will gewinnmaximierend arbeiten. Das ist mein Ziel. Fertig. Dabei meinen Vorgänger, einen Kollegen, meinen Chef oder wen auch immer in einem schlechten Licht dastehen zu lassen, mich auf Fehler anderer zu konzentrieren, das hilft niemandem. Es ist Zeitverschwendung, eine Nichtigkeit, nichts weiter als Ego. Deine Haltung sollte darin bestehen, dass du erfolgreich sein kannst, ohne andere niederzumachen.

Dein Anspruch sollte sein, dich auf das Positive zu konzentrieren und darauf aufzubauen. Die Erfolge deiner Vorgänger zu sehen, zu respektieren und einen draufzusetzen. Deine Haltung ist der Anfang, die Basis. Sie zeigt sich in deinen Gedanken, in deiner Einstellung, deinem Umgang mit deinen Mitmenschen. Sie wird offensichtlich in deinen Methoden und den Werten, die du vertrittst. Deine Haltung spiegelt sich in jedem deiner Schritte. Sie hilft dir, dein Ziel zu erreichen.

Denn eben dieses sollte am Anfang jeder Reise stehen. Es ergibt wenig Sinn, ins Auto zu steigen und erst einmal fünf Kilometer nach links, drei nach rechts, zehn geradeaus zu fahren und zwischendurch im Drive-in anzuhalten. Das ist Zeit- und Benzinverschwendung. Also geben wir eine Adresse ins Navi ein, wählen den kürzesten Weg und kommen so schnellstmöglich ans Ziel. Mein Ziel ist einfach ausgedrückt: der maximal mögliche Erfolg. Klingt nicht greifbar? Das will jeder? Nun, es geht mir beim maximalen Erfolg nicht um Umsatz oder Gewinn, sondern um verschiedene Faktoren. Und ein wichtiger lautet tatsächlich Zufriedenheit. Nicht nur meine eigene, sondern auch die meiner Kunden, meiner Vertriebspartner und Mitarbeiter. Nun ist Zufriedenheit jedoch subjektiv und nicht einfach messbar. Wenn ich aber morgens mit der richtigen Einstellung gerne zur Arbeit gehe, wenn meine Mitarbeiter sich ins Zeug legen, weil ich sie motiviere und meine Kunden mich an ihre Verwandten und Freunde weiterempfehlen, läuft schon einmal einiges ganz in meinem Sinne. Zurück zum Navi: Wenn wir das Ziel eingeben, spuckt es uns die schnellste, einfachste Route aus, die uns zielgenau an Staus, Baustellen und Unfällen vorbeiführt. Weil es so ein Navi aber leider nicht auch für unser Leben geben kann, müssen wir die Steuerung selbst übernehmen. Du bist dein eigenes Navi. Du gehst deinen eigenen Weg. Basierend auf deinen Vorstellungen, deinen Werten, deiner Flexibilität und deinem Ehrgeiz. Dieser rote Faden ist dein Weg.

Er zeigt dir, wozu du bereit bist und wozu nicht. Er definiert, was passiert, wenn du deine Grenzen überschreitest und welche Konsequenzen das für dich und dein Umfeld haben kann. Dabei wirst du eben nicht immer die Staus umfahren oder die Baustellen vermeiden können und aller Wahrscheinlichkeit nach wirst du den einen oder anderen Unfall bauen. Das ist in Ordnung. Auf Umwegen ergeben sich oft die besten Geschichten. Ich werde dir nicht sagen, dass alles möglich ist. Das hier ist kein „Nichts ist unmöglich"-Buch. Aber ich kann dir sagen, dass viel mehr möglich ist, als du denkst. Und es beginnt mit der Haltung. Wenn du dich aktiv für Erfolg entscheidest, dich von deinem hohen Ross verabschiedest und bereit bist, an dir selbst zu arbeiten, mit allen Konsequenzen, hast du den ersten Schritt gemacht. Es beginnt nur mit dir. Mit deiner Haltung. Bereit? Dann blättere weiter.

WORKBOOK LEKTION I: HALTUNG

Willkommen zur ersten Workbook Lektion. Jede Lektion hilft dir dabei, das Gelesene praktisch anzuwenden. Und zwar so, dass es für dich passt und dich auf den richtigen Weg bringt.

Haltung – Was bedeutet das alles für dich?

1.) Definiere dein Ziel

Was möchtest du eigentlich erreichen? Mache dir Notizen anhand der untenstehenden Fragen. Schreibe deine spontanen Gedanken auf und überarbeite sie anschließend. Das hier sind deine Ziele, dein erster Schritt. Es gibt kein richtig oder falsch. Jedes Ziel kann angepasst oder ersetzt werden, wenn und wann du es für richtig hältst.

Was möchtest du eigentlich erreichen? Mache dir Notizen anhand der untenstehenden Fragen. Schreibe deine spontanen Gedanken auf und überarbeite sie anschließend. Das hier sind deine Ziele, dein erster Schritt. Es gibt kein richtig oder falsch. Jedes Ziel kann angepasst oder ersetzt werden, wenn und wann du es für richtig hältst.

- Mein kurzfristiges Ziel:

- Mein mittelfristiges Ziel:

- Mein langfristiges Ziel:

2.) Analysiere deine Haltung

Jedes Projekt, das ich beginne, beginne ich mit diesen Fragen:

1. Wo stehe ich aktuell?

2. Wo will ich eigentlich stehen?

3. Wo muss ich drüberstehen, um besser zu werden?

Ich stelle mir diese Fragen in regelmäßigen Abständen, sodass ich meinen Weg anpassen kann, wenn es notwendig wird.

3.) Erstelle deinen roten Faden

Du hast ein Ziel und ein Auge auf deine Haltung, dann baue jetzt das Gerüst drum herum.

- Was sind deine Werte und wie wichtig ist dir Ehrlichkeit und Aufrichtigkeit? Wie weit bist du bereit zu gehen?

- Wie gehst du mit Kritik und Fehlern um?

- Ist dein Umfeld an Bord? Auf welche Unterstützung kannst du zählen, wenn etwas schiefgeht?

- Auf welche Weise bist du bereit, die Konsequenzen deines Handelns zu tragen?

Zusammenfassung

Fasse die wichtigsten drei Aspekte deiner Haltung zusammen, an denen du dich immer orientieren kannst.

1.
2.
3.

8

Über das (Verkaufen) Lernen

Mit der Lektion I hast du jetzt das Gerüst, das auf deiner Haltung aufbaut. Das Leben lässt sich allerdings trotz Haltung, durchdachtem roten Faden und festgelegtem Ziel kaum planen. Kein Ratgeber kann dich vor Staus, Baustellen und Umleitungen schützen. Und genau deshalb kommst du um eines nie herum, wenn du dein nächstes Level erreichen möchtest: Lernen, lernen, lernen.

Lerne durch Beobachtung

Lernen ist ein weitläufiger Begriff. Zum einen müssen wir lernen, flexibel zu sein, uns anzupassen und uns ständig weiterzuentwickeln, damit wir die kleinen Gemeinheiten und Herausforderungen, die uns das Leben in regelmäßigen Abständen vor die Füße wirft, erfolgreich meistern können.

Und ja, du ahnst es schon. Auch hier spielt die Haltung wieder die entscheidende Rolle. Das kann frustrierend und anstrengend sein, sagen die einen. Oder wahnsinnig aufregend, sagen die anderen. Ich bin einer dieser anderen. Nur wer bereit ist, zu lernen und sich weiterzuentwickeln, kann sein volles Potenzial überhaupt erst entfalten. Nur dann kannst du am Ende zurückblicken und stolz auf das sein, was du im Beruf erreicht hast. Davon bin ich überzeugt. Wie alles andere lässt sich „Hör nie auf zu lernen" einfach schreiben und sagen. Was aber bedeutet das im wahren Leben? Mehr Bücher lesen? Mehr Dokus sehen? Mehr recherchieren?

Einen Mentor suchen? All das funktioniert hervorragend und speziell mehr Bücher zu lesen ist immer eine gute Idee. Es geht aber noch viel einfacher und banaler. Denn jeder einzelne noch so alltägliche Moment bietet dir eine Möglichkeit zu lernen. Eine Möglichkeit, deine Augen dafür zu öffnen, dass wirklich alles im Leben nichts weiter als eine mögliche und hoffentlich nicht verpasste Verkaufsstory ist. Vor einigen Jahren war ich beruflich in Hamburg unterwegs und wartete in einem Café auf meinen Termin. Du kennst diese Cafés, die es in jeder größeren Stadt an jeder Straßenecke gibt: hippes Design, coole Kundschaft mit Laptops, der klassische schwarze Kaffee kostet vier Euro aufwärts.

Als ich eintrat, waren kaum Kunden da. Daher wurde ich von der Besitzerin begrüßt und schnell an einen Tisch begleitet. Da sie auch gleich meine Bestellung aufnahm, ignorierte ich das Selbstbedienungsschild getrost. Das war eine nette Geste, allerdings auch inkonsequent. Mit ihrem Verhalten wurde mir als Kunde suggeriert, dass das Selbstbedienungsschild zwar zum restlichen hippen Design passte, aber nicht wirklich etwas zu sagen hatte. Als sich das Café zum Nachmittag langsam füllte, wartete ich weiterhin an meinem Platz darauf, dass wieder jemand vorbeikam und meine Bestellung entgegennahm, anstatt aufzustehen und es selbst zu erledigen. Es kam natürlich lange niemand. Schließlich hatte die Besitzerin einen Moment keinen Kunden an der Theke zu bedienen und kam erneut zu meinem Tisch, um meine Käsekuchen-Bestellung entgegenzunehmen. Nun habe ich es an diesem Tag drauf ankommen lassen, einfach um zu sehen, was passiert. Natürlich hätte ich ohne Probleme aufstehen und selbst bestellen können, anstatt starrköpfig herumzusitzen, um zu beweisen, dass die Kombination aus Inkonsequenz und Selbstbedienungsschildern potenziell zu Gewinneinbußen führt. Aber das ist genau mein Punkt. Ich bin nicht aufgestanden, sondern habe beobachtet. Ich habe Rückschlüsse gezogen und aus dem Verhalten anderer gelernt, um sicherzustellen, dass mir das nicht passiert.

Sei neugierig und hinterfrage

Überall gibt es Potenzial. Du kannst alles hinterfragen und verbessern. Du kannst jeden Moment nutzen. Ich habe an diesem Nachmittag in Hamburg gleich noch eine zweite Situation erlebt – es war ein sehr effizienter Nachmittag. Ich war für die erwähnte Verabredung zehn Minuten zu früh dran. Nun hätte ich einfach einen Kaffee bestellen und mir die Zeit mit Telefon oder Laptop vertreiben können. Stattdessen nutzte ich die verbleibenden Minuten als eine Chance zu erkennen und zu lernen. Mein Blick fiel auf das Wandregal im Café. In diesem Regal wurden Kaffeebecher, Wassergläser, Kaffeebohnen, Filter und weitere Artikel, die man in einem Café so braucht, zum Verkauf angeboten. Ich fragte mich, ob sich so ein Regal überhaupt lohnt und ob es tatsächlich genug kauffreudige Menschen gibt, die das Regal rechtfertigen. War es vielleicht nur eine als Lager getarnte Verkaufsfläche, die gar nicht dafür gedacht ist, Umsatz zu generieren? Oder hat in der Vergangenheit ein Kunde nach einem Glas gefragt, woraufhin ein Regal aufgestellt wurde, weil man dachte, dass das ein Riesengeschäft wird, bevor sich das Ganze nur wieder als verlorene Fläche entpuppte? Am Ende des Nachmittags fragte ich die Besitzerin nach dem Regal und es stellte sich heraus, dass sie es aufstellte, weil wiederholt Kunden nach den Wassergläsern gefragt hatten. Ich kaufe gleich sechs Gläser. Zum einen, weil sie sehr hübsch sind, zum anderen, um den Vertriebsgedanken der Besitzerin zu bestärken.

Dabei geht es auch bei diesem zweiten Beispiel nicht um Gläser oder Regale. Es geht vielmehr um meine Einstellung. Meinen Willen, jede Möglichkeit zu nutzen, mir Gedanken zu machen und neue Wege zu erschließen. Mich aktiv für das Nachdenken, das Beobachten und das Erkennen einer Chance zu entscheiden und nicht für das Aussitzen und das In-mein-Telefon-Starren. Darüber hinaus spielt auch mein Verhalten als Kunde eine Rolle. Wenn der Verkäufer seinen Job in meinen Augen gut macht, wenn ich mich abgeholt fühle und ehrlich beraten, dann kaufe ich. Immer. Vielleicht weil ich weiß, wie es auf der anderen Seite aussieht. Bestimmt, weil ich davon überzeugt bin, dass gute Verkäufer belohnt werden müssen. Ich muss nicht erwähnen, dass meine Frau von diesem Verhaltensmuster nur bedingt begeistert ist.

Fotoquelle: Horst Dömötör

Lerne, anstatt dich über Schlechtes zu empören

Ein anderes Beispiel: Jeder von uns hat schon ein Seminar besucht. Genauso hat jeder von uns auch schon ein schlechtes Seminar besucht. Und jeder von uns ist nach einem solchen schlechten Seminar ins Büro oder nach Hause zurückgekommen und hat sich darüber beschwert. Ich behaupte jedoch: Es gibt keine schlechten Seminare. Es gibt nur eine schlechte Haltung, eine falsche Einstellung und eine vertane Chance.

Außerdem verschenkte Lebenszeit, denn Seminare dauern gerne einmal ein paar Tage. Wenn du dich also das nächste Mal auf einem deiner Meinung nach schlechten Seminar befindest, nutze die Zeit – ähnlich wie ich es in dem Café getan habe. Analysiere, beobachte, entdecke. Bist du zum Beispiel in einem Seminar, in dem du lernen sollst, möglichst effizient zu sein, das aber drei Tage dafür braucht? Erzählt der Seminarleiter dir, wie du das beste Callcenter führst, nennt aber selbst ein mäßig bis gar nicht funktionierendes Callcenter sein eigen?

Anstatt die Augen zu verdrehen und dich zu ärgern, nutze die Zeit und mache dir Notizen: Was macht er in deinen Augen falsch? Was würdest du besser machen? Oder einfach anders? – Ich nenne das eine Beobachtungsliste. Schreib auf, was dir missfällt und ziehe daraus gleich die für dich sinnvollen Schlüsse. Sei offen für die Fehler anderer, damit du aus ihnen lernen kannst. Und dankbar, da du aus ihnen lernen kannst, ohne sie selbst machen zu müssen. Dasselbe Prinzip funktioniert auch hervorragend mit Kollegen und Vorgesetzten. Jeder von uns hat diese eine Person im Team, über die man sich pausenlos aufregen könnte. Weil dieser Teamkollege Sachen schlechter macht, gar nicht macht – oder einfach nur anders. Ich arbeitete zum Beispiel früher mit einem Kollegen zusammen, mit dem ich überhaupt nicht zurechtkam. Seine in meinen Augen langsame und immer etwas egoistische Art hat mich wahnsinnig gemacht. Also habe ich alles aufgeschrieben, was mich an ihm störte. Nicht, um ihn damit zu erpressen, niederzumachen oder was auch immer man in Krimis damit machen würde, sondern einfach, um zu lernen. Heute, Jahre später, hole ich genau diese Liste wieder heraus, wenn ich eine Schwäche an mir bemerke, und mache dann das Gegenteil von dem, was mich damals störte. Es kann tatsächlich so einfach sein! Es gibt sehr viele Beispiele, die in dieselbe Richtung gehen: Ein Kollege hält einen schlechten Vortrag, in einem Kundengespräch ist etwas schiefgegangen. Meetings werden einberufen, von denen man im Vorfeld schon weiß, dass sie nichts bringen werden. Entscheide dich aktiv dafür, aus jeder Situation zu lernen und es besser zu machen.

Reflektiere nach Kundengesprächen

Verkäufer machen jeden Tag dasselbe. Im Grunde sind wir wie die Fließbandarbeiter, die Anfang des 20. Jahrhunderts Henry Fords T-Modell zusammenschraubten. Nur dass unser Fließband der Mund ist. Wenn wir also den lieben langen Tag immer dasselbe sagen, müssen wir einen Ausgleich schaffen. Andernfalls folgen wir immer nur dem gleichen Trott und wiederholen auch dieselben Fehler. Wir müssen unser Gehirn fordern und herausfinden, wie wir uns weiterentwickeln können. Ein kleiner Trick, den ich gerne anwende und jedem empfehle, ist die Bordsteinkonferenz. Wenn du auf dem Rückweg von einem Kundengespräch ins Büro bist und du beginnst, das Gespräch noch einmal durchzugehen, halte an einem Bordstein kurz an und notiere dir deine Gedanken und Einsichten in wenigen Worten: Was ist gut gelaufen und was nicht? Was kannst du aus dem Gespräch lernen? Wie kannst du es zeitnah – am besten direkt im nächsten Gespräch – umsetzen? Wenn du deine Gespräche heutzutage ausschließlich über Video-Calls und nicht mehr vor Ort führst, ist der Bordstein die Couch im Büro, oder ein anderer Ort, an dem du nach dem Verkaufsgespräch ein paar Minuten Ruhe finden kannst, um dein Gespräch mit Stift und Papier zu reflektieren. Jedes Verkaufsgespräch birgt eine Chance, daraus zu lernen und zu einem besseren Verkäufer zu werden. Du musst diese Chance nur nutzen. Mir ist es wichtig, die Zeit, die ich im Büro verbringe, sinnvoll zu gestalten. Dazu gehört ganz eindeutig unsere angeborene Fähigkeit zu lernen. Sich aktiv dafür zu entscheiden, sein Leben zu nutzen und sich weiterzuentwickeln. Das hilft nicht nur dem Gehirn, sondern – und dafür sind wir ja Verkäufer – auch unserem Umsatz.

WORKBOOK LEKTION II: LERNEN

Welcher Mensch willst du sein? Der Mensch, der zehn Minuten in einem Café damit totschlägt, in sein Smartphone zu starren? Oder der Mensch, der wachen Auges durch die Welt läuft und der Verkaufsstory nicht nur zusieht, sondern sie auch gleich auf sein eigenes Gebiet anwendet?

Wir sind alle oft den bequemen Weg gegangen, aber jetzt ist damit Schluss.

Überlege dir, wann du das letzte Mal den bequemen Weg gegangen bist. Wann hast du das letzte Mal zwei Tage in einem Seminar vergeudet? Wann hast du das letzte Mal einen Termin ausgesessen? Wann hast du einen Workshop besucht und schon drei Tage vorher schlechte Laune gehabt, weil du wusstest, dass das alles Schwachsinn ist?

Beschreibe mindestens eine solche Situation im Folgenden:

Frage dich, wie du diese Situationen besser hättest nutzen können. Kannst du daraus etwas mitnehmen, das du beim nächsten Mal anwenden könntest?

Nutze diesen Abschnitt in den nächsten vier Wochen, um dir Notizen zu machen, die nur dem Lernen dienen. Nimm dieses Buch in Termine mit und mache dir konkrete Notizen zu allem, was dir dazu relevant erscheint.

Notiere dir Dinge, mit denen du nicht zufrieden bist. Dinge, die du besser machen würdest. Dinge, die du nie machen würdest.

Woche 1

Woche 2

Woche 3

Woche 4

Mit jedem Eintrag wirst du ein eigenes, für dich passendes System entwickeln, das dir dabei hilft, dich weiterzuentwickeln und nicht nur aus den Fehlern anderer, sondern auch aus deinen eigenen Fehlern zu lernen.

Zusammenfassung

Was waren deine drei wichtigsten Erkenntnisse nach vier Wochen Beobachtung?

1.

2.

3.

9

Von Fehlern und Risiken beim Verkaufen

Wenn ich der Typ wäre, der sich einen Spruch auf ein T-Shirt drucken lassen würde, wäre es der hier: „Bei 90 Prozent der Dinge reichen 80 Prozent."

Diese Überzeugung hängt mit dem Pareto-Prinzip zusammen, das nach dem italienischen Volkswirt Vilfredo Pareto benannt ist. Es besagt, dass du mit 20 Prozent deines Einsatzes 80 Prozent der Resultate erzielst.[23] Es findet in unzähligen Kontexten Verwendung. Im Vertriebskontext beispielsweise besagt das Prinzip, dass oftmals 80 Prozent des Umsatzes mit nur 20 Prozent der Kunden erzielt werden. Im Allgemeinen geht es darum, dass du nicht immer 100 Prozent geben musst. Es ist vielmehr wichtig, überhaupt etwas zu tun und Dinge auszuprobieren und im Laufe der Zeit zu lernen, deine Energie in die richtigen Projekte zu investieren. Die Projekte, die sich langfristig auszahlen. Wir sind beim Thema „Fehler" angekommen. Und dabei, wie ständig überall betont werden muss, wie toll, wichtig und karriereentscheidend sie sind. Anscheinend muss sie jeder machen.

Jeder muss drüber reden. Gerne vor Publikum auf Fuck-up-Nights, wo sich alle dafür abfeiern, dass sie mit ihren Ideen auf die Schnauze gefallen sind. Jeder wird dir sagen, dass erfolgreiche Menschen nur erfolgreich wurden, weil sie Fehler gemacht haben. Mein Freund Marc hat den Begriff „Startqualität" entwickelt und definiert, um auszudrücken, dass es notwendig ist einen ersten Schritt zu machen, um es getan zu haben. Dieser muss nicht perfekt sein aber unbedingt marktfähig.

Der entscheidende Unterschied zwischen Risiken und Fehler

Das mag alles stimmen. Ich habe nichts gegen Fuck-up-Nights. Tatsächlich kannst du hier einiges lernen, wenn du weißt, wonach du suchst. Aber ein wichtiges Detail wird in der Berichterstattung zu diesen Fehlern immer ausgelassen und es macht mich wahnsinnig. Meine Empfehlung: Mache um jede Person, die dir sagt, dass du große Fehler machen musst, um großen Erfolg zu haben, einen großen Bogen. Es ist schlichtweg falsch. Große Fehler haben große Konsequenzen und die Wenigsten erholen sich davon. Auf jede Erfolgsgeschichte eines erfolgreichen Menschen kommen unzählige Geschichten, die nicht so glücklich enden. Über die redet nur keiner. Der erste wichtige Schritt in unserer „Fehler"-Lektion lautet deshalb, sie gar nicht erst als Fehler zu bezeichnen. Das Wort „Fehler" setzt schon voraus, dass ich nicht weiß, was ich tue. Fehler machst du nicht absichtlich. Fehler passieren einfach. Bei Rot über die Straße zu gehen, weil du auf dein Smartphone schaust, ist ein Fehler. Mitten in der Nacht betrunken auf einer dunklen Landstraße zu jemandem ins Auto zu steigen, den du nicht kennst, ist ein Fehler. Lieber feiern zu gehen, anstatt sich auf das Meeting mit dem Vorstand vorzubereiten, ist ein Fehler. Fehler sind dumm und vermeidbar. Ich rede stattdessen von Risiken. Kontrollierten Risiken. Denn nur die Risiken, die bis zu einer gewissen Ebene berechenbar sind, die auf ein bestimmtes Ziel ausgerichtet sind und aus denen ich lernen kann, helfen mir weiter. Alles andere ist purer Wahnsinn. Und Zeitverschwendung. Um meine Einstellung noch klarer zu machen, kommen hier drei Paradesätze, die du bestimmt im Laufe deiner Karriere schon einmal gehört hast. Einen der folgenden Sätze solltest du niemals zu mir sagen.

1. Ich brauche keine 100 Prozent. Es muss nur funktionieren. Entspann dich.
2. Jeder erfolgreiche Mensch ist mindestens einmal richtig auf die Schnauze geflogen.
3. Mach doch erst einmal und schau, was passiert. Wie schlimm kann es werden?

Der erste Satz ist Gold. Der Zweite Silber. Der Dritte totaler Schwachsinn.

Risiken einzugehen ist das eine. Kalkulierte Risiken sind der einzige Weg, neue Dinge auszuprobieren. Unkontrollierte Risiken dagegen sind falsch investierte Zeit. Im Vertrieb gehen wir jeden Tag Risiken ein. Einige bewusst, einige versehentlich. Shit happens. Wer sehen will, wie weit er gehen kann, muss eben auch weit gehen. Aber wer einfach nur losrennt, um loszurennen, dem wird schnell die Puste ausgehen.

Welche Risiken sich lohnen

Hier kommt – Überraschung – wieder unsere Haltung ins Spiel. Nur wer sein Ziel kennt, nur wer weiß, wo er hinwill, kann berechenbare Risiken eingehen. Risiken, die dir klar zeigen, welche Schraube du fester ziehen musst, damit deine Maschinerie läuft. Risiken einzugehen, selbst wenn sie berechenbar und kontrolliert sind, erfordert Mut. Aber dass wir nicht hier sind, um den bequemen Weg zu gehen, habe ich nun hoffentlich etabliert.

Es gibt dieses berühmte Sprichwort, dass man manchmal in kaltes Wasser springen muss. Jedes zweite Lied will mir einreden, dass alles gut wird, wenn ich nur Vertrauen in Hoffnung und Liebe setze. Viel zu viele Filme haben diesen einen großen Moment, in dem unser Held oder unsere Heldin alles auf eine Karte setzt und anschließend natürlich mit Geld, Liebe und Glück überschüttet wird. Unsere Welt haut jeden Tag mit derselben Nachricht auf uns ein: Sei mutig und ein bisschen verrückt und du wirst reich, glücklich und berühmt. Scheitern ist da nie eine Option. Warum auch? Menschen zahlen mehr Eintrittsgeld, wenn es ein Happy End gibt. Dazu zwei Gedanken. Erstens: Es gibt kein Happy End.

Das Leben geht weiter, das nächste Kapitel steht an. Unsere Helden im Film müssen nach dem Abspann genauso weitermachen. Das sehen wir nur nicht. Zweitens: Du musst nicht alles auf eine Karte setzen, um mit Geld, Liebe oder Glück überschüttet zu werden. Und da kommt mein Shirt-Spruch ins Spiel: Bei 90 Prozent der Dinge reichen 80 Prozent. Wenn ich ein Risiko eingehe, dann nur, wenn ich trotz aller Ungewissheit sicher bin, dass es meinem Ziel dient. Ich muss mein großes Ganzes, meinen roten Faden, im Blick behalten und sorgfältig die positiven und negativen Konsequenzen abwägen. Darauf basierend kann ich eine Entscheidung fällen, die außerhalb meiner normalen Vorgehensweise liegt, aber trotzdem Sinn ergibt. Dabei reichen kleine Schritte. Es stimmt sicher, dass größere Erfolge größere Risiken erfordern. Doch das heißt nicht, dass du nur mit großen Schritten an dein Ziel kommst.

Bewahre deine Kunden vor unnötigen Risiken

Als Verkäufer trägst du nicht nur die Verantwortung, selbst keine unnötigen Fehler zu begehen. Du trägst diese Verantwortung zu einem gewissen Grad auch für deine Kunden. Wenn du dem Kunden zu einem besonders „guten" Deal rätst, wäge das Risiko genau ab. Ein Risiko einzugehen, einfach um es einzugehen und zu schauen, was passiert, kann schnell nach hinten losgehen. Einfach einmal machen, um zu machen, kann für den Kunden den finanziellen Ruin bedeuten. Und leider kommt genau das häufiger vor, als uns allen lieb ist. In manchen Fällen, weil man das Risiko nicht richtig überschaut. In einigen Fällen, weil man sie absichtlich ignoriert. Ich nenne das Abschlussgeilheit. Jeder Verkäufer hat sie.

Denn ob du willst oder nicht, Verkaufen ist eine Art Sucht und wenn du einmal anfängst, kommst du in einen Sog, aus dem es kaum ein Entrinnen gibt. Du bist Verkäufer, du weißt, wovon ich rede. Mein Paradebeispiel für solche Situationen: Zwei Freunde kommen zu mir, um eine Immobilie zu finanzieren. Riesenanlage, Supergeschäft – was sollte schief gehen? Das Geld war da, die Unterlagen passten, alles war in Ordnung. Und doch wusste ich, dass die Nummer schiefgehen würde. Man sagt, dass Freundschaft bei Geld aufhört. Bei gemeinsamen Immobilienkäufen auf jeden Fall. Es gibt irgendwann immer Streit, Ärger, Missverständnisse. Ich wusste das natürlich auch. Als wir uns zur Vertragsunterschrift trafen, leuchteten in meinem Kopf viele rote Warnlichter auf. Ich wusste, dass es mit großer Sicherheit nicht klappen würde. Was tat ich also, als der Top-Verkäufer, der ich damals war? Ich reichte den beiden einen Kugelschreiber und ließ sie unterschreiben. Nicht, weil ich sie ins Verderben rennen lassen wollte, sondern weil ich verkaufen wollte. Es ging nur um mich, nicht um das Risiko. Vielleicht ist es eine Verkäufer-Egonummer, die sonst kaum einer verstehen kann. Auf jeden Fall aber ist es ein tolles Gefühl. Das Ganze ging natürlich schief. Es gab Ärger, eine Menge Ärger.

Rechtlich war zwar alles in Ordnung, das musste aber erst von anderen bestätigt werden. Ich sah das Risiko und ging es ein, ohne weiter Gedanken daran zu verschwenden. Aber es war ein unnötiges Risiko. Immerhin konnte ich daraus lernen. Lass die Finger von diesen Deals, von denen dir deine Intuition abrät. Egal, wie sehr dein Abschlusswillen dich drängt. Wenn du heute schon weißt, dass das Risiko für deinen Kunden und auch für dich selbst unverhältnismäßig hoch ist, dann lass es sein. An diesem Punkt reden wir noch nicht einmal von einem gesetzlichen oder rechtlichen Risiko. Es geht um das moralische Risiko.

Wenn ich weiß, dass ein Geschäft trotz oberflächlicher positiver Argumente nicht gut laufen wird, empfehle ich es nicht. Sicher kann es passieren, dass der Kunde sich beschwert, unzufrieden ist oder negative Werbung macht. Aber wenn du ihm das Risiko offenlegst und ihm genau erklärst, warum du dich gegen ein Geschäft aussprichst, wird er es verstehen und dir am Ende dankbar sein – auch wenn er es im ersten Moment nicht sieht. Du bist der Experte, du hast die Verantwortung. Du verstehst das Risiko. Wenn der Kunde das selbst könnte, würde er nicht zu dir kommen. Risiken einzugehen, gehört aber natürlich trotzdem dazu. Solange sie überschaubar und kontrolliert sind. Perfektion muss dabei gar nicht sein. Es reichen eben 80 Prozent in 90 Prozent der Fälle. Taste dich langsam ran, aber sei dir deiner Verantwortung bewusst und versuche nur die Risiken einzugehen, die kalkulierbar und überschaubar sind. Denn ansonsten werden aus Risiken eben schnell Fehler.

Lerne, mit deinen Fehlern offen und konstruktiv umzugehen

Wenn doch einmal etwas schiefgeht, kommt es wieder auf deine Haltung und deine Fähigkeit zu lernen an. Wenn du feiern warst und am nächsten Tag feststellst, dass du die Präsentation in den Sand gesetzt hast, solltest du nicht einfach mit den Schultern zucken und weitermachen, als wäre nichts passiert. Fehler machen ist in Ordnung. Sie zu ignorieren ist es nicht. Wer Fehler macht, muss das Rückgrat haben, sie sich einzugestehen, die Konsequenzen zu tragen und zu korrigieren. Und damit fängst du bei dir selbst an. Du bist verantwortlich für dein Handeln. Du kannst selbst entscheiden, was du machst. Das ist in Ordnung, solange du bereit bist, die Konsequenzen zu tragen. Um es klar zu sagen: Ich habe nichts gegen Mitarbeiter, die Risiken eingehen und Fehler machen.

Aber ich schätze ausschließlich die, die zugeben, etwas falsch gemacht zu haben und die daraus lernen. Dasselbe gilt für die, die Risiken eingehen und scheitern. Ich habe großen Respekt vor Menschen, die eine Entscheidung fällen, mehr als vor denen, die die Dinge einfach aussitzen. Und noch mehr schätze ich sie, wenn sie sich der Konsequenzen bewusst sind, im Falle einer Fehlentscheidung auch einen Notfallplan bereit haben und diesen sofort umsetzen können. Es ist dabei vollkommen egal, wer woran die Schuld trägt. Zumindest in erster Instanz. In vielen Situationen und vor allem in großen Unternehmen beherrscht die Schuldfrage das Tagesgeschäft. Die einzige Situation aber, in der das Sinn ergibt, ist ein Mordfall. Sonst nie und schon gar nicht am Arbeitsplatz. Da ist es in meinen Augen nur Zeit- und Energieverschwendung und lenkt von der eigentlichen Aufgabe ab: eine Lösung zu finden. Denn den Schuldigen ausfindig zu machen, löst das Problem nicht. Das heißt nicht, dass dieser nicht bestraft werden sollte. Ich entscheide je nach Lösungsschwierigkeit über die Konsequenzen und habe damit bisher immer gute Erfahrungen gemacht. Erst die Lösung, dann die Schuldfrage. Das sollte immer gelten. Auch wenn im Idealfall natürlich besser ein kontrolliertes Risiko eingegangen wurde, sodass sich die Schuldfrage gar nicht erst stellt.

WORKBOOK Lektion III: RISIKEN (UND FEHLER)

Jeder stand schon einmal an dem Punkt, an dem er ein Risiko eingehen musste. Analysiere genau, was dich davon abgehalten hat, den Schritt zu machen.

War es das Unbekannte? Welche Faktoren haben dich aufgehalten? Mach eine Pro- und Kontra-Liste.

Pro: Welche Faktoren sprachen dafür?

Kontra: Welche Faktoren hielten dich ab?

Wenn du nun noch einmal vor derselben Situation stehen würdest, welche drei Dinge würdest du anders machen?

1.
2.
3.

Vergiss nicht, dass meist kleine Schritte reichen. Denk an die 80 Prozent. Du musst dir nicht überlegen, was du alles Großartiges tun würdest, wenn du niemals scheitern könntest. So weit musst du gar nicht gehen. Ein kleiner Schritt nach vorne reicht. Verteil das Risiko auf mehrere kleine Schritte und minimiere es dadurch.

Jede Reise beginnt mit einem ersten Schritt. Jedes Risiko auch.

Zusammenfassung

Welche drei Verhaltensweisen wirst du ablegen, um Fehler zu vermeiden?

1.
2.
3.

Fotoquelle: Dominik Pfau

10
Die Schwachen werden die Starken sein

Vertriebler – und da zähle ich mich dazu – finden sich sehr oft ziemlich cool. Das gehört fast schon zum Jobprofil. Denn wenn du anderen, oft skeptischen Menschen etwas verkaufen möchtest, musst du schon eine gewisse Portion Selbstbewusstsein an den Tag legen. Aus eigener Erfahrung aber weiß ich, dass der Weg von gesundem Selbstbewusstsein zu leichter Selbstüberschätzung nicht allzu weit ist. Leider ist damit auch der Weg zum arroganten Besserwisser schnell gegangen. Da kommt meine nächste Lektion gerade recht. Denn ein arroganter Besserwisser darfst du ausschließlich sein, wenn du auch in der Lage bist, deiner schmerzhaftesten Niederlage erhobenen Hauptes ins Auge zu sehen und es anschließend besser zu machen. Nur, wer seine Schwächen kennt und akzeptiert, kann seine Stärken richtig einsetzen. Verkäufer und Schauspieler haben vieles gemeinsam, eine Sache aber besonders: Ein elementarer Teil ihrer Arbeit ist die Zurückweisung. Das kennt jeder von uns. Du bereitest dich auf deine Arbeitswoche vor, bist mit Eifer und Vollgas bei der Sache und dann? Kein Abschluss. Zweiter Termin? Kein Abschluss. Dritter Termin?

Kein Abschluss. Da fällt es schwer, das nicht persönlich zu nehmen, besonders wenn du dich als Verkäufer doch so geil findest. Du fängst also an, über deine Schwächen nachzudenken, steigerst dich ein wenig zu stark rein und wenn die Pechsträhne anhält, wird aus dem arroganten Besserwisser schnell ein angefahrenes Reh. Ich kenne das auch. Aber die gute Nachricht ist: Jede Niederlage bringt auch etwas Gutes. Haltung beweisen, einen roten Faden haben, lernfähig bleiben und Risiken kalkulieren waren unsere ersten drei Lektionen. Alle diese funktionieren aber nur mit dem nächsten Puzzleteil: Du musst in der Lage sein, dich deinen Schwächen zu stellen, deine Fehler anzuerkennen und Kritik anzunehmen. Kurz: aus Stärke zu handeln.

Warum du die eigenen Schwächen gerne ausblendest

Es ist unfassbar einfach, dich auf deine Stärken zu verlassen. Genauso leicht ist es, Lob zu bekommen. Es ist einfach, wenn dir immer alle auf die Schulter klopfen. Es bedarf keinerlei Talente oder Potenzial, den sicheren, bequemen Weg zu gehen und niemals irgendwo anzuecken. Und wenn das für dich passt, prima. Ich aber finde es wahnsinnig langweilig. Das heißt nicht, dass ich Kritik mit offenen Armen willkommen heiße. Im Gegenteil. Ich habe viele Jahre gebraucht, bis ich mich das erste Mal getraut habe, aktiv nach Feedback zu fragen – wohl wissend, dass es negativ ausfallen wird. Kritik tut weh, keine Frage. Aber in jeder Kritik steckt Potenzial, auch wenn sie erst einmal sehr schmerzhaft ist. Wer möchte zum Beispiel wochenlang an einer Präsentation arbeiten, nur um sich dann in einem Meeting von schlecht gelaunten Vorgesetzten anzuhören, dass das alles nicht durchdacht ist und unmöglich funktionieren kann? Doch deine Reaktion auf diese Kritik ist der entscheidende Faktor für deinen zukünftigen Erfolg und deine persönliche Weiterentwicklung. Heute habe und erkenne ich das Privileg an, gleich mehrere Personen in meinem Umfeld zu wissen, die mir regelmäßig Feedback geben.

Personen, die sich trauen mich und mein Handeln kritisch zu betrachten, die Dinge hinterfragen und nicht allem Glauben schenken, was ich so begeistert erzähle. Und auch wenn ich vor Tagen, an denen ich mir solche Rückmeldungen nur schwer anhören kann, nicht geschützt bin, weiß ich, dass ich weiter daran wachse. Ich entwickle mich vorwärts, auch wenn das durchaus schmerzhaft für mich und mein Ego sein kann. Ich habe im letzten Kapitel über Fehler und Risiken geschrieben. Du hast gelernt, dass dich Risiken, solange sie kontrolliert und berechenbar sind, weiterbringen können. Es braucht Mut, um Risiken einzugehen.

Aber noch mehr Mut brauchst du, wenn der riskante Plan nach hinten losging. Darum geht es in diesem Kapitel: Wie du wieder aufstehst. Gehe einmal in einen Buchladen oder besuche einen Onlineshop für Bücher und wähle eine Biografie eines deiner Meinung nach erfolgreichen Menschen aus. Die Story ist immer dieselbe. Henry Ford, den ich schon in Lektion II erwähnte, ging mit seiner ersten Firma gnadenlos pleite, bevor er die Automobilindustrie revolutionierte. Walt Disney wurde aus mehreren Jobs entlassen, weil er als unkreativ galt. Horrormeister Stephen King wollte seinen Roman „Carrie" in den Müll werfen, weil er dutzende Male abgelehnt wurde. Heute ist das Buch ein internationaler Mega-Bestseller. Und natürlich darf Steve Jobs auf dieser Liste nicht fehlen. Steve Jobs wurde, bevor er die Welt mit seinem iPhone für immer veränderte, zunächst von der Firma gefeuert, die er selbst gegründet hatte. Auch der Amerikaner Conrad Hilton hat mit dem Scheitern ausgiebig Erfahrung gemacht.

Zunächst übernahm er den Laden seines Vaters, dann war er als Politiker aktiv und gründete schließlich die mittlerweile weltumspannende Hilton-Hotelkette. Während der Weltwirtschaftskrise nach dem Ersten Weltkrieg entging sein Hotelunternehmen nur knapp dem Bankrott. Hilton machte trotzdem weiter und baute sein Imperium kontinuierlich aus, bis es zu einer der größten Hotelketten der Welt wurde.[24] Von Hilton ist folgendes Zitat überliefert:

«Erfolg scheint mit Aktion verbunden zu sein. Erfolgreiche Menschen bleiben in Bewegung. Sie machen Fehler, aber sie geben nicht auf.»
- Conrad Hilton[25]

Der einzige Grund für ihren Erfolg und ihren bis heute anhaltenden Einfluss auf unsere Gesellschaft ist, dass sie nach dem Scheitern wieder aufgestanden sind. Sie haben sich ihre Notizbücher geschnappt, ihre Ideen verbessert und neu angegriffen.

Wie du Kritik in etwas Positives verwandelst

Nun scheint es vielleicht leicht, das iPhone zu erfinden und sich dann wohlwollend an all seine Niederlagen zu erinnern. Für jeden Steve Jobs gibt es eben unzählige andere, die vielleicht auch grandiose Ideen hatten, es aber nie geschafft haben. Aus welchen Gründen auch immer. Ich aber rede von einem kleineren Rahmen – der beginnt einmal wieder bei dir selbst. Ich habe anfangs erwähnt, dass mein Ziel der maximale Erfolg ist. Nun gibt es aber keinen Erfolg ohne Scheitern, daher ist die Art entscheidend, wie ich damit umgehe. Ich bin in meiner Karriere oft genug gescheitert, besonders an Dingen und Themen, die nicht notwendig gewesen wären. Aber eben immer nur einmal. Was heißt das also für das wahre Leben von uns Verkäufern, die nicht das iPhone, die Fließbandarbeit oder Micky Maus erfinden? Sagen wir, ein Kunde beschwert sich nach einem Termin bei deinem Vorgesetzten, weil er sich nicht gut beraten fühlt. Nun kann ich mich bei meinen Kollegen über den anstrengenden Kunden beschweren, der nie zufrieden und sowieso nur darauf aus ist, mein Leben schwerer zu machen.

Weil dieser Kunde sonst nichts zu tun hat und sicherlich der Typ ist, der auch tagsüber am offenen Fenster hockt und die Falschparker auf der Straße anzeigt. Meine Kollegen würden nicken, sagen, dass sie natürlich auch alle schon solche Kunden erlebt haben. Und wir würden uns alle gemeinsam gut und verstanden fühlen, weil der Fehler ja beim Kunden liegt. Einfach. Bequem. Oder: Ich höre mir die Kritik an. Ich frage den Kunden, was ihm nicht gefallen hat. Aktiv, offen, ehrlich. In 99 von 100 Fällen – und das ist in keiner Weise statistisch erwiesen, sondern soll lediglich meine Erfahrung widerspiegeln – lässt sich die Angelegenheit schnell klären. Aber was mich interessiert, ist der 100. Fall.

Denn erst durch echte, konstruktive Kritik lerne ich etwas, das ich auch bei einem anderen Kunden anwenden und dadurch meinen Umsatz steigern kann. Kritik tut weh, aber meistens und vor allem langfristig kann sie dein bester Freund und größter Antrieb werden. Wenn ich also Kritik bekomme – und das kommt hin und wieder vor, besonders auch, weil ich mittlerweile darum bitte – dann nehme ich das ernst. Ich nehme mein Notizbuch zur Hand und schreibe die Kritikpunkte auf, notiere mir, was ich besser machen kann und wie sich das auf mein nächstes Kundengespräch auswirkt. Wenn ich weiß, was den Kunden stört, kann ich planen, wie ich mit ihm umgehen muss. Er fühlt sich dadurch verstanden und geschätzt und ich komme zu meinem begehrten Abschluss. Win-Win. Etwas persönlicher und damit schwieriger wird es, wenn dich Kritik aus den eigenen Reihen erreicht. Denn auch das kommt vor. Nehmen wir an, ein Kollege weist deinen Vorgesetzten auf Qualitätsdefizite in deiner Arbeit hin. Du kannst dich darüber ärgern und laut aufregen, dass er sich hinter deinem Rücken über deine Arbeit beschwert.

Denn was denkt jetzt dein Vorgesetzter über dich? Wieso kommt der Kollege nicht direkt zu dir und diskutiert das persönlich? Oder: Du hörst dir die Kritik an. Anstatt den Kollegen für einen feigen Petzer zu halten, überlege, ob die Kritik gerechtfertigt ist. Denn das gibt es durchaus. Zu schnell fühlen wir uns meist persönlich angegriffen und beginnen, jeden zu kritisieren, der uns kritisiert, sodass wir vergessen, dass jede Kritik auch ein Fünkchen Wahrheit enthält, die wir nutzen können. Die kleine Lektion in der großen Lektion ist: Du darfst nichts und wirklich absolut nichts persönlich nehmen. Denn dadurch scheitern die besten Absichten und größten Chancen. Als Verkäufer denken wir gerne, dass sich alles nur um uns dreht. Da scheint es nur logisch, das Verhalten anderer Menschen persönlich zu nehmen. Aber das ist ein großer Fehler.

Denn Kritik ist selten persönlich und meistens subjektiv. Nichts, was andere machen, hat mit dir zu tun. Fertig. Jeder kommt aus einer anderen Welt, jeder hat eine andere Idee von richtig oder falsch, schwarz oder weiß. Jeder hat eine andere Erziehung genossen, verfügt über individuelle Gene, besitzt weniger oder mehr Toleranz, Geduld oder Ehrgeiz. Gemeinsam ist uns allen aber, dass wir immer und ohne Ausnahme aus unserer eigenen Realität agieren. Wir versuchen in erster Linie, uns selbst einen Vorteil zu verschaffen. Wenn also der Kollege möchte, dass das Team besser wird, rennt er eben zum Chef. Nicht, um dich reinzureißen, sondern um sich selbst positiv zu positionieren. Du bist im besten Fall nur Kollateralschaden. Sein Verhalten hat nichts mit dir als Person zu tun. Er tut das, was er für richtig und für angebracht hält. Er hat seine eigene Haltung, seinen roten Faden, sein Wertesystem und seine Auffassung von der Welt. Das kannst du nicht beeinflussen. Aber deine eigene Haltung schon. Also springe über deinen Schatten, nimm dich nicht so wichtig und akzeptiere, dass Kritik am Ende nichts weiter ist als ein wunderbar hilfreicher Blick von außen. Wenn du sie annimmst, hilft dir die Kritik, Grundsteine für spätere Erfolge zu legen. Nicht mehr, nicht weniger.

Das bedeutet übrigens nicht, dass du damit dem Kollegen, dessen Verhalten du nicht in Ordnung fandest, Recht oder einen Freifahrtschein gibst. Es heißt, dass du deine Zeit nicht damit verschwendest, dich über Dinge aufzuregen, die nichts mit dir zu tun haben. Nichts ist persönlich, richtig? – Das lässt sich so leicht sagen. Wenn du diesen Kollegen ohnehin schon gefressen hast, ist sein Verhalten nur noch ein weiterer Tropfen in den bereits vollen Topf. Dann ist es schwer, professionell zu bleiben und das nicht persönlich zu nehmen. Deswegen solltest du lernen, aus deiner Stärke heraus zu handeln. Lernen, dich mit Kritik auseinanderzusetzen und deine Schwächen anzuerkennen. Das erfordert Kraft und Mut.

Es ist nicht leicht, andere um Feedback zu bitten. Es ist nicht leicht, Kritik über sich ergehen zu lassen. Es ist nicht leicht, sein Herzensprojekt in der Luft zerreißen zu lassen. Aber wenn du weißt, damit umzugehen, bringt dich jede kleine Kritik weiter als 100 Lobeshymnen. Ich habe daher ein einfaches Vorgehen entwickelt, das sich in meiner Karriere bereits mehrfach bewährt hat – sei die Kritik nun in meinen Augen berechtigt gewesen oder nicht. Der Trick besteht darin, Kritik unverzüglich zu analysieren und entsprechend zu handeln. Das Pflaster schnell abzuziehen, anstatt zu warten und es hinauszögern. Also sofort ran an die Analyse und eventuelle Maßnahmen zur Veränderung und Verbesserung schnellstmöglich in die Wege leiten. Dem Ego keinen Platz lassen, um beleidigt zu sein. Nur so funktioniert es. Mittlerweile versuche ich, zwischen den Zeilen zu lesen. Ich hole mir selbst aus positiven Bemerkungen mein Feedback. Ich habe gelernt und verinnerlicht, dass Kritik immer sehr subjektiv und von vielen Dingen abhängig ist. Selbst wenn ich also Kollege A um Feedback bitte und er mir ein paar Punkte nennen kann, frage ich anschließend meistens noch Kollege B, was Kollege A wirklich von mir hält. Nicht um das jemandem unter die Nase zu reiben, sondern um es für mich anzuwenden. Denn es erfordert nicht nur viel Mut, Kritik anzunehmen. Es erfordert ebenso viel Mut, Kritik ehrlich und konstruktiv zu äußern. Das wiederum erfordert das richtige Umfeld. Dazu kommen wir in Lektion VI.

WORKBOOK LEKTION IV: STÄRKE

Fangen wir also gleich an: Was sind deine Stärken und was sind deine Schwächen? Präsentierst du gerne vor einem voll besetzten Raum oder macht dich der Gedanke daran viel eher nervös? Vergisst du im Eifer des Gefechts in einem Kundengespräch wichtige Informationen? Liegt das an der Nervosität oder setzt du dich selbst zu stark unter Druck? Bist du bei dem einen Kunden anders als bei einem anderen und wenn ja, warum ist das so? Beobachte dich selbst fünf Tage lang und notiere dir, in welchen Situationen du dich ängstlich und machtlos fühlst und in welche du selbstbewusst und motiviert hineingehst. Basieren diese Eindrücke auf deinen eigenen Emotionen oder auf dem Verhalten anderer, so zum Beispiel auf dem Verhalten eines Kunden oder Kollegen? Ist es tagesabhängig, weil du zu wenig geschlafen hast, oder kommt eine bestimmte Situation häufiger vor? Wenn du dir bereits Notizen gemacht hast (z. B. während der beschriebenen Bordsteinkonferenz), nimm auch das in die Analyse auf.

Meine Stärken:

Meine Schwächen:

Gehe deine Notizen genau und in Ruhe durch. Sei so ehrlich wie möglich und akzeptiere die Kritik an dir selbst. Als Nächstes bittest du um Feedback von Außenstehenden. Wähle ein paar Kollegen aus, deren Meinung du vertraust und schätzt. Überlege dir vorher drei bis fünf Fragen zu den Punkten, die du an dir kritisieren würdest und bitte um ehrliches Feedback. Wenn du dich nicht traust, persönliche Gespräche zu führen, schicke eine E-Mail. Das ist vollkommen in Ordnung und gibt auch deinen Kollegen Zeit, mögliches Feedback genau zu überdenken.

Fünf Fragen an meine Kollegen:

1.

2.

3.

4.

5.

Das Feedback meiner Kollegen:

Analysiere das Feedback und vergleiche es mit deinen eigenen Notizen. Deckt sich deine Wahrnehmung? Sehen andere deine Schwächen vielleicht sogar als Stärken an?

Zusammenfassung

Jetzt überlege dir, wie du deine Stärken anwenden kannst, um deine Schwächen auszugleichen. Welche Schwächen entwickelst du zukünftig zu deinen Stärken?

1. Schwäche ——> Stärke

2. Schwäche ——> Stärke

3. Schwäche ——> Stärke

11

Nimm Dein Umfeld mit

Willkommen zur fünften Lektion. Hoffentlich konntest du bisher einiges mitnehmen, hast dir eine Menge Notizen gemacht und bist drauf und dran, die ersten Dinge umzusetzen. Und tatsächlich beschäftigt sich diese Lektion weniger mit den Dingen, die du selbst an dir ändern kannst, um dein Potenzial auszuschöpfen, sondern mehr mit dem, was sich außerhalb der Geschäftszeiten abspielt: Das Umfeld. Meine Karriere ist zweifellos auf meinen Fortschritt ausgelegt. Ich richte meinen Weg danach aus, wie ich maximalen Erfolg erziele – ich hoffe, dass ich das mit den bisherigen Beispielen und Erfahrungen hilfreich beschreiben konnte. Die eigene Haltung, die Einstellung, der rote Faden, die Bereitschaft, Risiken einzugehen, Fehler zuzugeben und aufrichtig zu sein – all das ist elementar wichtig für eine erfolgreiche Karriere. Aber wenn mein Umfeld nicht mitspielt, wird es ein schwieriger Ritt. Dabei rede ich von zwei Umfeldern: Dem beruflichen und dem privaten.

Wieso dein berufliches Umfeld entscheidend ist

Lass uns mit dem beruflichen Umfeld beginnen. Als Führungskraft ist es meine Aufgabe, ein Umfeld zu schaffen, in dem meine Mitarbeiter in Ruhe arbeiten können. Ein Umfeld, in dem sie sich respektiert fühlen und in dem sie ihre eigene Haltung ausprobieren, ihren roten Faden entwickeln und ihre Schwächen akzeptieren können. Ich verlange dabei von niemandem, so zu verkaufen wie ich. Manche der Handelsvertreter in meinem Team verkaufen ganz anders als ich. Sie reden viel mehr oder viel weniger. Sie haben eine andere Persönlichkeit als Verkäufer, die ich teilweise nicht ganz verstehe. Muss ich aber auch nicht. Es geht darum, dass sich meine Mitarbeiter entwickeln. Dass sie ihren eigenen Weg gehen, wir uns aber auch gemeinsam als Team entwickeln und voneinander lernen.

Viele Führungskräfte wollen, dass ihre Mitarbeiter möglichst ähnlich verkaufen, wie sie es in der Vergangenheit selbst getan haben. Dabei ist das vollkommen irrelevant. Sonst könnten besagte Führungskräfte auch einfach selbst weiter Vertrieb machen, anstatt sich auf Mitarbeiterführung zu konzentrieren. Für mich kann jeder verkaufen, wie er möchte. Seinen eigenen Stil finden. Das Einzige, das ich von allen verlange, ist gegenseitige Wertschätzung. Das müssen sie lernen, das ist unsere Kommunikationskultur im Team. Und Ergebnisse müssen sie natürlich erzielen. Den ersten Schritt mache dabei ich als Führungskraft. Damit ist der Ton gesetzt – und die Mitarbeiter werden es zurückgeben. Wie funktioniert das genau mit der Anerkennung? Ich mache zum Beispiel keine Jour fix. Wir reden, wenn es Gesprächsbedarf gibt. Es geht nicht darum, dem Schlechten zu sagen, dass er schlecht ist oder dem Guten, dass er gut ist. Es geht darum, dem Schlechten zu sagen, wie er sich weiterentwickeln kann, oder dem Guten, wie er sogar noch besser werden kann. Ein Team zu führen, bedeutet für mich auch, mich regelmäßig selbst zu überprüfen: Wie steht es mit meiner Haltung? Bin ich weiterhin bereit zu lernen? Nehme ich Kritik wirklich an oder rede ich nur groß daher? Akzeptiere ich meine Schwächen und konzentriere mich auf meine Stärken? Bin ich nachsichtig meinen Kollegen gegenüber und nehme ihr Verhalten und ihre Kritik nicht persönlich? Bin ich wirklich so großartig? Leider nicht. Zumindest nicht jeden Tag. Aber ich bin sehr diszipliniert. Ich glaube an das, was ich hier niedergeschrieben habe. Ich habe es mir erarbeitet, im wahren Leben erprobt und gesehen, dass es für mich funktioniert. Dass ich meine Ziele erreichen kann, wenn ich mich an diese Lektionen halte. Deswegen hoffe ich, dass auch du das in Zukunft von dir behaupten kannst.

Wieso ohne dein privates Umfeld gar nichts ginge

So wie ich versuche, meinen Mitarbeitern ein gutes Arbeitsumfeld zu schaffen, brauche ich auch außerhalb der Büromauern ein Umfeld, das mich unterstützt und auf das ich mich verlassen kann. Das ist fundamental. Kein Leben ist eine One-Man-Show – egal, wie sehr du dir das vielleicht manchmal wünschst. Ich kann ohne Übertreibung sagen, dass mein Umfeld ein, wenn nicht sogar der entscheidende Faktor für meinen bisherigen Erfolg war. Besonders die Tatsache, unterstützt und akzeptiert zu werden, Chancen zu bekommen und den Rücken frei zu haben. Das gilt für meine Eltern, Freunde und natürlich auch meine Frau, die sich mit mir entwickeln muss und will, damit wir auch wirklich an einem Strang ziehen. Ich erkläre dir, warum. Als ich mit 16 Jahren meine Hotellehre abbrach, begründete ich das meinen Eltern gegenüber zugegebenermaßen recht vage. Meine Argumentation war schwammig und eine wahre Alternative konnte ich den beiden auch nicht bieten. Aber sie haben meine Entscheidung nicht nur unterstützt, sondern – und das erfuhr ich erst Jahre später – auch nach außen getragen. Als es sich nämlich herumsprach, dass Epple Junior seine Lehre abgebrochen und nichts anderes in Aussicht hatte, kamen einige aus der Deckung, die meinen Eltern mitteilen mussten, was sie von dieser Entscheidung hielten.

Natürlich hielten sie davon nicht viel. Du kennst den berühmten „Also, unser Sohn hätte das nicht gedurft"-Spruch, der auf keinem Elternabend oder Kinderspielplatz fehlen darf. Ich habe vorher bereits über Ratschläge von anderen gesprochen: Jeder meint es gut, aber nicht jeder kann dir gute Ratschläge geben. Aber es ist auch essenziell, dass mein Umfeld weiß, damit umzugehen. Wenn meine Eltern sich damals die Ratschläge all dieser schlauen, aber nicht beteiligten Menschen zu Herzen genommen hätten, wer weiß, wo ich heute stehen würde.

Vielleicht hätten sie sich von all den Dingen beeinflussen lassen, die die Söhne anderer Eltern nicht hätten tun dürfen und mich gezwungen, die Hotellehre weiterzuführen. Haben sie aber zu meinem Glück nicht. Dafür bin ich ihnen heute noch dankbar. Mein Umfeld war damals stabil und ich tue alles, damit es das auch heute ist. Dafür ist es unabdingbar, dass ich meine Pläne mit den wichtigen Menschen teile. Zum Beispiel, dass mein Partner weiß, wohin ich will, und bereit ist, den Schritt mitzugehen. Jeder kommt einmal später nach Hause. Jeder muss gelegentlich auch nach Feierabend noch einen Anruf tätigen. Jeder saß im Urlaub schon auf heißen Kohlen, weil diese eine E-Mail nicht kommen wollte. Nur wenn dein Partner bereit ist, das zu akzeptieren, kannst du langfristig erfolgreich sein. Das gilt für dein gesamtes Umfeld. Das heißt nicht, dass ich jeden Abend am Tisch mit meiner Frau meinen Tag analysiere. Tatsächlich rede ich sehr wenig mit ihr über die alltägliche Arbeit. Es ist nicht ihr Leben, ihr Vokabular, ihre Welt. Es langweilt sie. Und das verstehe ich. Dein eigenes Verhalten ist entscheidend, um dein Umfeld zu motivieren: Behandle dein Umfeld respektvoll und wertschätze die Unterstützung, die du erhältst. Sobald ich das Büro verlasse und unser Haus betrete, ist die Arbeit vorbei. Im Urlaub habe ich kein Geschäftshandy dabei, ich checke nur private E-Mails und konzentriere mich auf meine Familie. Meine Frau und meine beiden Jungs haben die wenigen Wochen im Jahr meine volle Aufmerksamkeit verdient – uneingeschränkt!

Ich zähle meine Frau zu meinen wichtigsten Ansprechpartnern, wenn es um große Projekte geht, um wichtige Karriere-Entscheidungen oder Probleme. Weil sie mein Ziel kennt. Weil sie den roten Faden versteht. Weil sie meine Haltung teilt. Weil sie mich kennt. Weil sie an Bord ist und mit mir am selben Strang zieht. Weil sie der Deckel auf dem Topf ist. Nur so geht es. Nur so kann ich Erfolg haben. Nur, wenn alle Puzzleteile zusammenpassen, wird ein schönes Bild daraus. Ich hoffe, dass du mit einer guten Haltung, einem funktionierenden roten Faden und einem Ziel bereit bist, ständig zu lernen, Risiken einzugehen und deine Schwächen zu Stärken zu machen. Am Ende wird es sich lohnen.

WORKBOOK LEKTION V: UMFELD

Die Balance zwischen einem erfolgreichen Berufs- und Privatleben ist schwierig. Es gibt in vielen Firmen ganze Abteilungen, die sich um die Work-Life-Balance kümmern. Die universelle Glücksformel gibt es nicht, also muss jeder für sich den richtigen Weg finden. Wie redest du mit deiner Familie über deine Arbeit? Wie involviert ist dein Partner? Nimmst du Arbeit mit nach Hause? Willst du manchmal von deinem Alltag erzählen, aber dann piepst die Waschmaschine oder eines der Kinder ist lauter als du? Überlege, wie viel du zu Hause von der Arbeit erzählst. Wie oft redest du daheim über deinen Job und welche Teile deines Arbeitslebens teilst du mit deiner Familie?

Zusammenfassung

Wenn du dir über Ziel, Haltung und roten Faden Gedanken gemacht hast, wirst du diese mit deinem Partner teilen? Wie detailliert wirst du das tun? Bist du bereit, Feedback zu bekommen? Nimm dein Umfeld mit. Diese Punkte sollte ich zu Hause ansprechen:

1.

2.

3.

Ehrlich verkaufen

Verkäufer passen die Wahrheit gerne ihrer Version der Geschichte an – wie viele andere im übrigen auch. Wir sind alle nur Menschen und Halbwahrheiten scheinen zumindest auf den ersten Blick häufig schneller zum Ziel zu führen. In den meisten Fällen verbiegen Verkäufer die Wahrheit nicht absichtlich oder mit bösen Hintergedanken. Viele haben schlicht die alte Schule des Verkaufens gelernt und glauben zu wissen, was das Gegenüber hören will. Also stellen sie großartige Behauptungen auf und versprechen das Blaue vom Himmel, damit der Kunde sich gut aufgehoben fühlt. Das Problem dabei ist, dass die Kunden nicht dumm oder naiv sind. Haben sie in der Vergangenheit schlechte Erfahrungen gemacht, gehen sie nicht selten ohnehin davon aus, dass Verkäufer lügen.

Dass sie ihnen nach dem Mund reden. Dass sie Dinge versprechen, die meistens nicht eintreten. Dass sie nur die Vorteile erwähnen und nie die Nachteile. Wenn ich als Kunde also von einem Verkäufer angesprochen werde, sei es in einem Bekleidungsgeschäft, bei einem Gebrauchtwagenhandel oder auf einem Flohmarkt, bin ich automatisch davon überzeugt, dass der mir etwas verkaufen will und ihm dafür keine Masche zu schade ist. Schon treffen zwei Parteien aufeinander, die glauben zu wissen, was der andere will und davon ausgehen, dass das Gegenüber nicht die ganze Wahrheit sagt. Das kann unmöglich die Basis eines guten Gesprächs und schon gar nicht eines erfolgreichen Geschäftsabschlusses sein. Ich verdeutliche das an einem praktischen Beispiel. Einmal aus der Sicht des Verkäufers, dann aus der Sicht des Kunden. Ich wollte mein Auto privat verkaufen, am besten schnell und unkompliziert. Also stellte ich den Wagen für 6.000 Euro auf eBay rein. Ich schrieb von einem „Klassiker“, der mir immer „zuverlässig zur Seite stand“ und im „erstklassigen

Zustand“ sei. Nichts davon war gelogen und es klang gut. Dass der Wagen innerhalb der kommenden Monate zum TÜV musste und einige Reparaturen anstanden, behielt ich lieber für mich. Erst einmal den Käufer am Haken haben, dann würde ich weitersehen. Nun kam der Kunde also frohen Mutes, aber mit einer vollkommen falschen Erwartungshaltung zu mir. Er sah die abnutzungsbedingte Delle, die blinkende Service-Leuchte und dass die Reifen scheinbar genauso alt waren wie das Auto selbst. Da half dann auch kein gutes Zureden mehr.

Es war eine reine Zeitverschwendung für alle Beteiligten. Nach diesem eher negativen Erlebnis entschied ich mich, mein Vorgehen zu ändern und mein Auto von einem Profi verkaufen zu lassen. Also ließ ich den Wagen online schätzen. Basierend auf Zulassungsjahr, Modell und Kilometerstand würde ich nach Aussage des Anbieters noch rund 9.000 Euro bekommen. Hammer. Das war ja zu schön, um wahr zu sein. Das war mehr, als ich bei eBay verlangt hatte. Zusätzlich würde der Anbieter den ganzen Papierkram samt Abmeldung und Versicherung übernehmen. Ich war begeistert und vereinbarte sofort einen Termin. Frohen Mutes kam ich zwei Tage später in der Werkstatt des Anbieters an.

Ich war mir durchaus im Klaren, dass ich keine 9.000 Euro bekommen würde, da man den Wagen zunächst genau inspizieren müsste. Im schlechtesten Fall stellte ich mich also auf 7.500 Euro ein. Immer noch mehr, als ich ursprünglich erwartet hatte. Der Kollege vor Ort war sehr nett und hilfsbereit. Er sah sich den Wagen genauer an und machte mir ein Angebot von 5.400 Euro. Ich fiel aus allen Wolken. Wenn mir dagegen jemand auf eBay 5.400 Euro geboten hätte, hätte ich vermutlich zugeschlagen. Dort hatte ich den Wagen ja immerhin für nur 6.000 Euro angeboten. Aber in der Werkstatt, mit einem weitaus höheren Angebot vor Augen, empfand ich die 5.400 Euro als Frechheit. Ich lehnte ab, fuhr nach

Hause und ärgerte mich maßlos über diesen Anbieter. Wie gesagt: Verkäufer der alten Schule passen die Fakten an. Ob ich selbst als Verkäufer bei eBay oder eben der Gebrauchtwagenkäufer. Diese Art von Verkäufer will seine Kunden einfach nur an die Angel bekommen. Um jeden Preis. Sie bieten erst einmal viel und verhandeln anschließend. Manchmal geht es gut, oftmals nicht. Aber das gehört zum Geschäft. Für jedes Angebot, das scheitert, beißen drei neue Kunden an. Das kannst du so machen, es ist allerdings unglaublich nervenaufreibend und langfristig wenig befriedigend. Zumal es einen anderen Weg gibt. Du kannst ehrlich verkaufen. Schon Thomas Mann wusste (auch wenn er sich nicht spezifisch auf das Verkaufen bezog):

«Eine schmerzliche Wahrheit ist besser als eine Lüge.»
- Thomas Mann[26]

Du kannst selbst entscheiden, wie du verkaufst. Was du bereit bist zu tun. Wie ehrlich du sein willst. Damit kannst du trotzdem dein Geschäft abschließen und maximalen Erfolg erzielen. In meinem Fall wäre ich besser damit beraten gewesen, die Macken des Wagens nicht vorzuenthalten, sondern ehrlich zu kommunizieren. Dann hätte ich den Wagen vielleicht auch direkt an den ersten Kunden verkaufen können. Hat dir schon einmal jemand versucht, etwas zu verkaufen und du konntest zwischen den Zeilen lesen, welche Informationen der Verkäufer dir bewusst vorenthielt? Weil er dachte, diese Informationen würden dich vom Kauf abhalten? Diese Art von Verkäufer möchtest du nicht sein.

Versetze dich in die Lage des Kunden

Ich verkaufe jeden Tag mit der Einstellung, ehrlich gegenüber mir selbst und meinen Kunden zu sein. Die Erleuchtung kam an einem Strand in Italien. Ich war da, um meine Ruhe zu haben. Der Sonnenschirmverkäufer war da, um Geld zu verdienen. Er kam auf mich zu und ich winkte sofort ab. Ich brauchte keinen Schirm. Ich hatte Sonnencreme und ein T-Shirt. Ich wollte nur eine Stunde hierbleiben. Ich kam aus dem verregneten Deutschland und fand den Gedanken ziemlich gut, dass ich in der prallen Sonne ein wenig Vitamin D tanken konnte.

Eine halbe Stunde und ein wirklich nettes Gespräch später hatte ich einen Sonnenschirm neben mir stehen und war auch noch überzeugt, dass ich es nie anders gewollt hatte. Wie hat der Verkäufer das gemacht? Ich bin selbst Verkäufer. Ich kenne die Tricks. Ich weiß, worauf ich achten und welche Knöpfe ich drücken muss. Ich weiß sehr genau, wie man Nein sagt. Doch dann kam dieser Sonnenschirmverkäufer. Ich sah ihn von weitem und meinte genau zu wissen, wie er versuchen würde, mich um den Finger zu wickeln. Er würde mir erzählen, wie großartig es ist, dass ich hier bin. Nachdem er herausgefunden hätte, wo ich herkomme, würde er es persönlich machen und mir irgendeine Geschichte von irgendeiner Großmutter oder Tante in Deutschland erzählen.

Wenn er gut war, würde er erzählen, wie sehr er die deutschen Autos aus meiner Heimatstadt Stuttgart liebt. Daraufhin würde ich mich mit ihm verbunden fühlen und als Konsequenz daraus würde ich mich fast verpflichtet fühlen, ihm einen Schirm abzukaufen. Aber nicht mit mir, Freundchen. Ich legte mir im Kopf den „Danke, ich brauche nichts“-Satz zurecht und wollte mich wieder meinem Buch widmen, als er sagte: „Sie sind skeptisch, das verstehe ich. Ich würde auch lieber in einen ordentlichen Laden gehen, um einen Schirm zu kaufen, als mich von einem nervigen Typen am Strand anquatschen zu lassen." – Damit entwaffnete er mich. Meine Antwort passte nicht mehr. Ich musste umdenken. Schnell. Und obwohl ich durchaus verstanden hatte, was er tat und warum er es tat, hielt ich inne. Ich fand es gut. Ich fand es ehrlich. Ich fand es menschlich. Die Karten lagen sofort auf dem Tisch. Statt eines genervten Nein von meiner Seite und schlechter Laune, gab es ein Lächeln und eben dieses Gespräch über seine Oma in Deutschland und die Porsches aus Stuttgart. Dieses Mal jedoch führte ich es gerne. Weil ich mich verstanden fühlte. Weil er sich die Mühe gemacht hatte, meinen Standpunkt aufzugreifen. Vor allem, und das ist der Punkt, weil ich wusste, dass ich am Ende Nein sagen konnte. Auf genauso ehrliche Art und Weise, wie mich der Sonnenschirmverkäufer angesprochen hatte. Genau auf diese Art und Weise möchtest du eine Beziehung zu deinen Kunden aufbauen: Basierend auf Ehrlichkeit und Offenheit.

Steh dazu, dass du verkaufst

Manche Verkäufer der alten Schule drängen dem Kunden den Kauf förmlich auf. Mit ihrem gesamten Verhalten drücken sie aus: „Kaufe, kaufe!" Andere altmodische Verkäufer machen es genau andersherum: Sie versuchen, sich mit dem Kunden anzufreunden und rücken ihm auf die Pelle, ohne konkret zu sagen, um was es ihnen eigentlich geht. Sie reden die ganze Zeit um den heißen Brei herum. Das merkt der Kunde natürlich. Und wenn der Verkäufer einfach nicht mit der Sprache herausrückt, fühlt der Kunde sich zunehmend unwohl. Aus demselben Grund habe ich Angst vor Hunden: ich verstehe sie nicht. Wenn ich einem Hund auf der Straße begegne, gehe ich davon aus, dass er mich anspringt und mindestens die Hand abbeißt. Das ist nicht sonderlich rational, aber das sind Ängste ja meistens nicht. Wenn nun also ein Hund auf mich zukommt und mir freudig die Hand abschleckt, könnte ich mich theoretisch entspannen und mich freuen, dass dieser Hund mich zu mögen scheint. Tue ich aber nicht. Meine Erwartungen und Erfahrungen sind andere. Ich lasse ihn meine Hand abschlecken, aber erwarte die ganze Zeit, dass er zubeißen wird. Das ist ein banales Beispiel. Der Hund ist in diesem Fall der Verkäufer, der einfach nicht zur Sache kommt, woraufhin der Kunde vom Schlimmsten ausgeht. Der Hund beziehungsweise der Verkäufer mag nett erscheinen, aber der Kunde befürchtet, dass sich das bald ändern wird. Er erwartet es sogar. Also kann er das Gespräch gar nicht genießen oder wertschätzen. Du willst als Verkäufer mit dem Kunden aber auf Augenhöhe kommunizieren. Das bedeutet, dass du deine Verkaufsabsicht klar, deutlich und möglichst früh kommunizieren solltest. Martin Limbeck, einem dir vermutlich bekannten deutschen Verkaufstrainer, wird folgende Aussage zugeschrieben:

«Wer seine Kunden nur beraten will, zwingt sie, beim Wettbewerber zu kaufen.»
- Martin Limbeck[27]

Du bist für deinen Kunden kein Berater oder Freund. Du bist Verkäufer. Als ich das erste Mal einem Kunden gegenübersaß und ihm sagte: „Ja, ich will Ihnen heute etwas verkaufen", fühlte sich das tatsächlich komisch an. Ich musste mich überwinden, es zu sagen. Aber die Stimmung im Raum kippte sofort zum Positiven. Es machte das Gespräch mit einem Schlag einfacher, weil die Fronten geklärt waren und wir uns nicht erst langsam an die Fakten herantasten mussten. Nicht nur Verkäufer bereiten sich auf Gespräche vor. Kunden tun das auch. Sie wissen, dass du nicht zu ihnen kommst, um in netter Gesellschaft einen Kaffee zu trinken. Sie wissen, was dein Ziel ist und dass du alles tun wirst, um es zu erreichen. Wenn der Verkäufer also sagt: „Alles gut, ich will gar nichts, entspannen Sie sich", wird der Kunde unsicher und bleibt auf der Hut. Er ist unablässig auf der Suche nach Anzeichen, ob der Hund nun beißen wird oder nicht. Der Kunde wartet nur auf den Moment, in dem der Verkäufer die Karten auf den Tisch legt. Das Gespräch wird bis dahin dadurch leider anstrengend und einseitig. Also, versuch es – sei ehrlich.

Sag es, wie es ist. Kläre die Fronten von Anfang an. Eröffne ein Kundengespräch oder ein Meeting oder einen Workshop mit nackten Tatsachen. Und schau, was passiert. Das ist kein Universalrezept für einfachen Erfolg. Es wird auch hier Kunden oder Kollegen geben, die mit dieser Offenheit nicht umgehen können. Die überfordert sind. Die lieber umgarnt und in Watte gepackt werden möchten. Jeder gute Verkäufer lernt auch das – Menschen zu lesen, die Situation einzuschätzen, darauf zu reagieren. In ein Gespräch zu gehen und auf verschiedene Taktiken zugreifen zu können, um den größtmöglichen Erfolg für alle zu erzielen, lässt dich ein entspanntes und erfolgreiches Verkaufsgespräch führen und dein nächstes Level als Verkäufer erreichen.

Neben einer guten Einleitung sollte aber natürlich auch das Gespräch an sich durchdacht angegangen werden. Viele Verkäufer übertreiben gerne und lassen Dinge ein bisschen besser aussehen, als sie sind. Genau wie ich das als Verkäufer meines Autos auf eBay getan und als Kunde des Gebrauchtwagenhändlers erlebt habe. Dieses Vorgehen ist gar nicht so verwerflich, wie es klingt, ist aber mit Vorsicht zu genießen und sparsam einzusetzen. Es ist wichtig, richtig einzuschätzen, welche Auswirkungen diese „Ich übertreibe leicht"-Vorgehensweise langfristig haben wird. Baust du damit eine gute, auf Vertrauen basierende Beziehung zu deinen Kunden auf? Kommen Kunden gerne wieder zu dir oder bist du einer dieser Immer-nur-einmal-Verkäufer? Die wichtigste Frage ist immer: Was willst du erreichen? Wie kommst du da hin? Da du nun schon so weit im Buch gekommen bist, nehme ich an, dass du noch Potenzial nach oben siehst in deiner Rolle als Verkäufer. Das ist hervorragend! Mit diesen Tipps kannst du Ehrlichkeit als Werkzeug einsetzen, mit dem du deinen Kunden den Wind aus den Segeln nimmst. Du erwischt sie auf diese Weise mit einer Einstellung, in der sie viel offener dir gegenüber sind.

Das Beste: Der Kunde wird in der Mehrheit der Fälle dein Verhalten spiegeln und dir gegenüber ebenfalls ehrlicher sein, als er das einem anderen Verkäufer gegenüber wäre. Dadurch erreichst du schneller dein erstes Etappenziel. Denn du solltest zu Beginn des Gesprächs so schnell wie möglich herausfinden, ob dein Kunde überhaupt an deinem Produkt oder deiner Dienstleistung interessiert ist. Je schneller du das herausfindest, umso effizienter kannst du deine Verkaufsgespräche gestalten. Das Thema Effizienz thematisieren wir allerdings erst im nächsten Kapitel. Nun lass uns herausfinden, wie ehrlich du als Verkäufer bereits bist und was du vielleicht noch verbessern kannst!

WORKBOOK LEKTION V: EHRLICH VERKAUFEN

Beantworte die folgenden Fragen, um herauszufinden, wie viel Ehrlichkeit du deinen Kunden gegenüber bereits zeigst und in welchen Bereichen du die Karten noch transparenter auf den Tisch legen könntest.

Wie aufrichtig bist du in Kundengesprächen?

sehr unehrlich – 1 2 3 4 5 6 7 8 9 10 – sehr ehrlich

Welche Floskeln benutzt du in Kundengesprächen lediglich, weil du sie gelernt hast und welche sind eher hinderlich als hilfreich?

In welchen Situationen versprichst du mehr, als du halten kannst?

Woran liegt es, wenn du nicht ganz aufrichtig bist? An deiner Beziehung mit dem Kunden, an Emotionen oder Nervosität oder weil du noch nie eine andere Strategie in Betracht gezogen hast?

Zu welchen Kunden hast du bereits eine gute Beziehung aufgebaut und sprichst offen und ehrlich zu ihnen? Wie hast du das erreicht?

Was macht den Unterschied zwischen diesen Kunden im Vergleich zu anderen aus?

Was musst du konkret an deiner momentanen Taktik ändern, um eine langfristige Beziehung mit einem Kunden aufzubauen?

Versetze dich in die Position eines Kunden. Geh zum Beispiel in die Stadt und analysiere, in welcher Situation der Verkäufer dich nervt und wann du ihm glaubst und etwas kaufst. Wo liegt der Unterschied und wie kannst du das auf deine Arbeit übertragen?

Zusammenfassung

Ehrlich mit dem Kunden zu sein, heißt nicht, dass du dich klein machst oder weniger selbstbewusst als Verkäufer auftrittst. Wie ich am Anfang dieses Kapitels geschrieben habe: Verkäufer finden sich geil und manchmal ist das gerechtfertigt.

Das hier ist besonders an mir:

1.

2.

3.

12
Effizient verkaufen

Was ist besser: 100 Kunden anzusprechen, von denen 30 dein Angebot annehmen, oder 40 Kunden anzusprechen, von denen du mit 30 ein Geschäft abschließt? Natürlich Zweiteres. Denn die zehn bis 70 Kunden, die an deinem Produkt eigentlich kein Interesse haben, möchtest du so schnell wie möglich herausfiltern.

Verschwende keine Zeit mit Kunden, die ohnehin nicht kaufen werden

Das sogenannte Gelassenheitsgebet des US-amerikanischen Theologen und Philosophen Reinhold Niebuhr ist vielen Menschen ein Begriff:

«Gib mir die Gelassenheit, Dinge zu akzeptieren, die ich nicht ändern kann, den Mut, Dinge zu ändern, die ich ändern kann und die Weisheit, das eine vom anderen zu unterscheiden.»
- Reinhold Niebuhr[28]

Ich wende dieses Zitat in leicht veränderter Form gerne auf die Kundenansprache an: Gib mir die Gelassenheit, Kunden zu akzeptieren, die nicht kaufen werden, den Mut, Kunden direkt anzusprechen, die kaufen möchten und die Weisheit, die eine Gruppe von der anderen zu unterscheiden. Das Wissen, wirklich interessierte Kunden von Kunden zu unterscheiden, die aus reiner Höflichkeit die Konversation nicht abbrechen, kommt im Laufe der Zeit. Durch eine große Ehrlichkeit dir selbst gegenüber und regelmäßige Selbstreflexion kannst du allerdings schneller ans Ziel kommen. Denn oft weißt du tief in dir bereits, wie wahrscheinlich es ist, dass ein Kunde dein Angebot annehmen wird. Du willst es nur nicht wahrhaben, dass der Kunde nicht kaufen wird, auch wenn du dich noch so sehr anstrengst. Sei ehrlich mit dir selbst und schätze deine Verkaufschancen realistisch ein. Versuche nicht, jemandem etwas aufzudrücken. Damit machst du weder dich noch deinen Kunden langfristig glücklich.

Bleib bei deinem Angebot

Effizienz im Verkauf entsteht auch durch Preisstabilität. Allein durch deinen Preis ziehst du eine bestimmte Kundengruppe an, oder eben nicht. Indem du deinen Preis von Anfang an klar kommunizierst, kannst du somit schnell erkennen, ob potenzielle Kunden überhaupt in deine Zielgruppe fallen. Wenn der Kunde gar nicht erst das Budget hat, dein Angebot anzunehmen, kannst du ihm noch so lange von den Vorteilen vorschwärmen, er wird am Ende doch nicht kaufen. Also finde lieber gleich heraus, ob dein Kunde die nötige Zahlungsbereitschaft aufweist. Mache eine klare Ansage und bleib dabei. Kommuniziere dein Angebot, gib deinen Preis bekannt und was der Kunde dafür bekommt. Effizienz wird genährt von

Aufrichtigkeit. Du musst klar kommunizieren, was du bietest, damit der Kunde dir mit derselben Klarheit ein Ja oder Nein zurückgeben kann. Um so aufrichtiger du bist und dein Anliegen formulierst, umso effizienter kannst du das Verkaufsgespräch gestalten. Damit sparst du allen Parteien Zeit. Zeit sparst du außerdem, wenn du dich nicht auf Preisverhandlungen einlässt, sondern bei deinem ersten Angebot bleibst.

Die Konstanz in Kombination mit Aufrichtigkeit besitzt eine starke Wirkung auf deine Kunden. Ein großer Fehler wäre es, wenn du mit deinem Angebot zu weit runtergehst – in der Hoffnung, den Kunden doch noch überzeugen zu können – der Kunde dann nein sagt und drei Monate später wiederkommt, weil er nun doch Interesse hat und sich an dein unschlagbar günstiges Angebot erinnert, das du aber längst bereust. Dabei geht es in unserer heutigen Welt meistens gar nicht so sehr um den Preis. Eigentlich brauchen wir den Großteil der Dinge, die wir kaufen, nicht wirklich. Zum Überleben sicher nicht. Wir wollen diese Dinge einfach besitzen oder erwerben, um unsere Ziele zu erreichen.

Das heißt, es geht vorrangig ums Wollen. Deine Aufgabe ist es, herauszufinden, ob dein Kunde dein Produkt oder deinen Service wirklich will. Wenn ja, wird er dein Angebot annehmen. Wenn nicht, wird auch ein noch so unwiderstehlich niedriges Angebot nicht helfen. Da ist es effizienter, bei deinem Angebot zu bleiben, als mit jedem potenziellen Kunden um den Preis zu feilschen. Diese Direktheit und Standhaftigkeit erfordert Mut. Den Mut einen ehrlichen Preis festzulegen. Denn um Qualität zu liefern, muss ich meine Kosten decken. In diesen Kosten wird meine Qualität und die Zufriedenheit des Kunden mit meiner Arbeit als Verkäufer abgedeckt. Geld drückt Wertschätzung aus. Auch dem Kunden gegenüber kommunizierst du durch einen ehrlichen, stabilen Preis, dass du Qualität liefern willst und wirst.

Sage Nein zu uninteressierten Kunden

«Die Hälfte der Probleme in diesem Leben lässt sich darauf zurückführen, dass man zu schnell Ja gesagt und nicht früh genug Nein gesagt hat. »
- Josh Billings[29]

Diese Aussage des amerikanischen Humoristen Josh Billings trifft den Nagel auf den Kopf. Die meisten Menschen scheuen vor einem klaren Nein zurück. Vor allem aus Angst, als unhöflich zu gelten. Doch du wirst sehen: Deine Kunden werden deine Erleichterung teilen. Oft geht es dem Kunden wie dir. Eigentlich möchte er das Gespräch längst abbrechen, weil er merkt, dass er kein Interesse an oder ein zu geringes Budget für dein Angebot hat. Indem du freundlich deine Meinung mitteilst, dass du keine Perspektive für einen Geschäftsabschluss siehst, nimmst du dem Kunden die Bürde ab. Und du ersparst euch beiden den Eiertanz, bei dem sich keiner traut, auszusprechen, was eigentlich beide denken. Dein Nein sollte bestimmt, aber höflich sein. Wenn du dich getäuscht hast und der Kunde doch Interesse hat, wird er dir das sagen. Bei den meisten Verkaufssituationen aber besitzen wir ein deutliches Bauchgefühl für die Wahrscheinlichkeit eines Geschäftsabschlusses. Lerne, diesem Bauchgefühl zu vertrauen.

WORKBOOK LEKTION VI: EFFIZIENT VERKAUFEN

Denke an deine letzten Kundengespräche zurück. In welchen Fällen hast du schon frühzeitig gemerkt, dass ein Geschäftsabschluss eigentlich unwahrscheinlich war und hast trotzdem weitergemacht?

Welche Warnzeichen sind dir aufgefallen, an denen du schon frühzeitig erkennen konntest, dass dein Kunde wahrscheinlich ohnehin nicht kaufen würde?

Welche Strategie fallen dir ein, um dich aus Kundengesprächen elegant zurückzuziehen, wenn du merkst, dass der Kunde kein ausreichendes Interesse hat?

Zusammenfassung

Notiere deine drei besten Tipps für dich selbst, um effizienter zu verkaufen.

1.
2.
3.

13

Direkt verkaufen

Unter direkt verkaufen verstehe ich zwei Dinge: Einerseits verkaufst du als Verkäufer mit Herz direkt an den Kunden, ohne um den heißen Brei herumzureden. Du umgarnst den Käufer nicht mit honigsüßen Worten, die gar nichts mit der Wirklichkeit zu tun haben und machst dich dann vom Acker, sobald der Kauf getätigt ist und bevor der Kunde in der Realität ankommt. Direkt verkaufen in diesem Sinne heißt, mit dem Kunden in einen ehrlichen Austausch zu gehen und ihm das Produkt schmackhaft zu machen, aber dabei stets die Wahrheit zu sagen. Diesen Aspekt haben wir im vorherigen Kapitel bereits behandelt. Andererseits heißt direkt verkaufen, im Moment zu verkaufen und die Gelegenheit am Schopf zu packen. Der Kunde will kaufen, er weiß es nur noch nicht. Job eines guten Verkäufers ist es, dies im Rahmen des Verkaufsgesprächs klarzumachen: Die Kaufmöglichkeit besteht jetzt, in diesem Moment. Darauf gehen wir im Laufe dieses Kapitels im Detail ein.

Ein später gibt es nicht

Es gibt eine Reihe typischer Sätze, die Kunden äußern, wenn sie sich vor der Kaufentscheidung drücken möchten. Es ist deine Aufgabe, herauszufinden, was wirklich hinter diesen Aussagen steckt. Insbesondere musst du ausloten, ob es sich um einen validen Grund handelt oder ob der Kunde sich unsicher über einen Aspekt des Produktes ist, und mehr Information braucht, um sich für den Kauf zu entscheiden. Üblicherweise bedeutet „Ich muss mir das nochmal überlegen" vor allem eines: Der Kunde wird entweder woanders kaufen oder gar nicht kaufen. Je nach Produkt und Situation kann es aber auch vollkommen verständlich sein, wenn der Kunde sagt: „Ich möchte noch einmal darüber schlafen." Fällt jedoch dieser Satz, stelle sicher, dass du alle möglichen Zweifel ausgeräumt hast und es wirklich nur noch daran hängt, ob der Kunde sich entscheidet, sein Geld zu investieren oder eben nicht. „Ich melde mich noch einmal" ist dagegen ein klassisches Beispiel für eine Kaufentscheidung, die nie stattfinden wird.

Üblicherweise führt diese Aussage zu einer der folgenden Szenarien.

Szenario 1: Der Kunde kauft dasselbe oder ein sehr ähnliches Produkt woanders. Oft hat er sich bereits im Verkaufsgespräch mit dir entschieden, bei der Konkurrenz einzukaufen und hat sich nicht getraut, dir das ins Gesicht zu sagen.

Szenario 2: Der Kunde vergisst seinen ursprünglichen Kaufwunsch beziehungsweise seine Bedürfnisse ändern sich. Schwache Verkäufer sagen, das Bedürfnis war nicht stark genug, sonst hätte der Kunde ja gekauft. Oder sie sagen: Wenn das Bedürfnis stark genug ist, kommt der Kunde schon wieder. Doch kaum ein Kunde kommt von sich aus wieder, er ist ja kein Boomerang!

Natürlich gibt es Produkte, mit denen der Kunde Grundbedürfnisse stillt und die er immer wieder kauft. Ein Grundbedürfnis ist Wasser und das führt uns zurück zu unserer Wüstenwasser AG. Der potenzielle Kunde hat in dem Moment, in dem er sich an deinem Stand vollkommen ausgetrocknet entlangschleppt, ein starkes Bedürfnis nach Wasser. Er hat einfach einen Riesendurst. Der perfekte Zeitpunkt, ihm ohne Probleme dein Wasser zu verkaufen und einen guten Preis zu erzielen.

Wenn du den Kunden vorbeiziehen lässt oder seine Ausrede „Ich überlege es mir kurz" akzeptierst, wird er seinen Durst woanders löschen. Vielleicht möchte er auch kein Wasser mehr, sondern lieber eine Tasse Eistee mit Aloe Vera, den die Konkurrenz einen halben Kilometer weiter verkauft. Auf dem Rückweg kommt der Kunde dann erneut an deinem Stand vorbei. Wie hoch ist die Wahrscheinlichkeit, dass er jetzt noch kauft? Sehr gering. Du kannst dich als Verkäufer um Kopf und Kragen reden, einen Sonderpreis anbieten und die Vorzüge deines Wassers anpreisen, so sehr du möchtest. Der Kunde hat seinen Durst bereits gestillt und an deinem Wasser kein Interesse mehr.

Der Kunde kauft auf dem Rückweg nur bei dir ein, falls er sein Bedürfnis wirklich nirgendwo anders stillen konnte. Das mag in der Wüste vorkommen. In unserer schnelllebigen Zeit und bei unseren dicht besiedelten Märkten ist das aber in etwa so wahrscheinlich wie ein Vollmond am Freitag den 13. Es kommt vor, aber zu selten, als dass du dich darauf verlassen könntest. Schlechte Verkäufer würden sich in dieser Situation damit trösten, dass bestimmt demnächst ein anderer Kunde vorbeikommt, der ebenfalls großen Durst verspürt. Das mag sein, ändert aber nichts an der Tatsache, dass du als guter Verkäufer sowohl an den ersten als auch an den zweiten Kunden hättest verkaufen können, wenn du die Gunst der Stunde nutzt. Starke Verkäufer lassen eine Verkaufsgelegenheit nicht einfach ungenutzt vorbeiziehen. Sie wissen: In fünf Minuten kann viel passieren. Die Welt dreht sich weiter und Bedürfnisse verändern sich. Wenn du den Kunden jetzt nicht erreichst, wird er bei der Konkurrenz einkaufen oder er wird sich damit zufriedengeben, sein Bedürfnis nicht stillen zu können. Ein klassisches Beispiel für die Veränderung von Bedürfnissen im Laufe der Zeit ist der Immobilienkauf. Stellen wir uns einen Kunden vor, der zur Bank geht, weil er ein Haus kaufen möchte.

Entweder die Bank hilft dem Kunden seine Finanzierung so zu planen, dass er sich seine Wunschimmobilie ersparen und kaufen kann oder der Kunde nimmt sich womöglich innerhalb der darauffolgenden sechs Monate eine teurere Mietwohnung, die verhindert, dass er für den Hauskauf sparen kann. Dann ist die Chance vertan. Er wird sechs Monate später keinen Hauskredit mehr anfragen. Was kannst du tun, um diesen Limbo-Zustand zu vermeiden, in dem der Kaufwunsch entweder anderweitig befriedigt wird oder einfach verpufft? Frage direkt beim Kunden nach, woran es liegt, dass er sich nicht direkt entscheiden kann. Stelle sicher, dass du den Kunden nicht ziehen lässt, ohne wirklich verstanden zu haben, woran es liegt. Wenn du das Geschäft heute nicht machst, machst du es nie. Das ist meine tiefe Überzeugung. Weil der Kunde nicht wartet. Also mach das Geschäft lieber gleich.

Die Rolle der Kaufmotivation

Ich unterscheide zwei Arten von Kaufsituationen: In der einen Situation kaufen Kunden aus Druck – vor allem Zeitdruck. Das ist ein Muss-Produkt – der Kunde möchte das Produkt unbedingt haben, und zwar sofort. In der zweiten Situation kaufen sie aus einer Position der Stärke heraus. Das Produkt ist ein Kann-Produkt – der Verkauf kann stattfinden, wenn die Umstände günstig sind, oder eben nicht. Denken wir an einen Autokauf: Kunde A kommt in dein Autohaus und erkundigt sich nach dem Modell Omega. Er möchte dringend ein Auto kaufen, weil sein altes Auto am vergangenen Wochenende liegen geblieben ist und eine Reparatur fast so teuer wie ein Neuwagen wäre. Dieser Kunde verspürt also einen gewissen Druck, seine Kaufentscheidung zu fällen.

Wenn du ihm kein passendes Angebot machen kannst, wird er nicht zwei Wochen später noch einmal vorbeikommen. Er wird einfach in der Zwischenzeit einen Wagen bei der Konkurrenz kaufen. Oder er steigt unter Umständen auf Bus und Bahn um und merkt, dass er eigentlich gar kein Auto mehr braucht. Kunde B kommt ganz gemächlich in dein Autohaus geschlendert. Er hat Zeit. Er kauft seit Jahren Autos der Marke, die du führst. Vor fünf Jahren hat er schon einmal einen Wagen bei dir gekauft und ihr habt euch gut verstanden. Jetzt überlegt dieser Kunde, seinen aktuellen Wagen zu verkaufen und sich stattdessen das neueste Modell mit E-Antrieb zuzulegen. Er hat online über das neue Modell gelesen und ist neugierig, es Probe zu fahren und vielleicht zu kaufen. Wenn du ihm kein passendes Angebot unterbreiten kannst, wird er eine Weile verhandeln. Er hat eine gute Verhandlungsposition, immerhin hat er keinen Druck, sich zu entscheiden. Schlussendlich wird er entweder zuschlagen oder einfach abwarten. Er ist der Marke treu, also ist es unwahrscheinlich, dass er zu einer anderen Marke wechseln würde. Und trotzdem ist es nicht auszuschließen. Oder aber er könnte in eine andere Stadt ziehen und bei einem anderen Autohändler einen Wagen derselben Marke erwerben. Eindeutig zu viele potenzielle Optionen in meinen Augen. Besser du wandelst sein aktuelles Bedürfnis direkt in einen Kauf um. Wenn möglich wandelst du das Kann-Produkt dazu in ein Muss-Produkt für ihn um.

Also beispielsweise indem du verdeutlichst, wie viel besser das neue Modell zu seinen Bedürfnissen passt und wie umweltfreundlich es durch den E-Antrieb ist. Laut meiner Erfahrung fragen die meisten Verkäufer aber gar nicht erst: Wofür brauchen Sie denn das Produkt? Was für ein Ziel haben Sie mit diesem Kauf? – Dabei sind genau das die Fragen, die du stellen solltest. Zeig Interesse, stelle mehr und direktere Fragen. Stelle komplexe Fragen. Informiere dich nach der aktuellen Situation deines Kunden und orientiere dich an seinen Bedürfnissen und Wünschen für Veränderung. Ein klassisches Beispiel dafür ist die Beantragung eines Haus- oder Wohnungskredits bei der Bank.

Da fragt der Bankmitarbeiter lediglich: Wohnen Sie aktuell zur Miete? Wollen Sie zukünftig ein Eigenheim? – Geschlossene Entscheidungsfragen. Anstatt zu fragen: Wie wohnen Sie heute? Ist Ihnen das zu groß oder zu klein oder ist das gerade richtig? Wie gefällt Ihnen Ihre aktuelle Wohnsituation? Möchten Sie immer so wohnen? Warum möchten Sie zukünftig ein Eigenheim? Auf diese Weise aber entwickelst du einen Ansatz für die Verkaufsargumentation. Wie du siehst, hilft es dir als Verkäufer, die Kaufmotivation des Kunden zu verstehen. Finde heraus, wo der Druckpunkt ist. Worum es dem Kunden eigentlich geht. Das hilft dir, einen direkten Verkaufserfolg zu landen, denn der Kunde fühlt sich verstanden.

Höre zu und nutze deine Chance

Ich bin der Ansicht, verkaufen heißt per Definition direkt verkaufen. Das heißt, es gibt heute einen Bedarf oder Nutzen, den ich erfüllen möchte und muss. Aber wenn ich das Geschäft heute nicht mache, mache ich es nimmermehr. Das ist meine tiefe Überzeugung. Zuhören ist auch hier das Schlüsselwort. Als Verkäufer mit Herz findest du heraus, wie dringend das Bedürfnis des Kunden ist und handelst entsprechend. Es geht nie darum, wie dringend es für dich als Verkäufer ist, einen bestimmten Tagesumsatz zu erzielen oder Ähnliches. Es geht stets darum, wann der Kunde das Produkt braucht und unter welchen Umständen er kaufen möchte. Der amerikanische Sales Coach und preisgekrönte Autor Mark Hunter bringt das wie folgt auf den Punkt:

«Es geht nicht darum, die richtigen Chancen zu haben. Es geht darum, die Chancen richtig zu nutzen. »
- Mark Hunter[30]

Nehmen wir also einmal an, du betreibst ein Umzugsunternehmen. Ein Kunde kontaktiert dich. Du findest heraus, dass der Kunde einen Container bestellen möchte, um von Berlin nach Wien umzuziehen. Nun gibt es zwei Möglichkeiten: Ein schlechter Verkäufer spult einfach dieselbe alte Leier ab und klappert die Standardfragen ab: Von wo nach wo soll der Container geschickt werden, an welchem Tag und so weiter. Da ein schlechter Verkäufer gar nicht fragt, was dem Kunden eigentlich wichtig ist, schickt er nach zwei Tagen ein Angebot, das alle verfügbaren Optionen umfasst und den Kunden im Zweifel mit seiner Detailliertheit überfordert. Ein guter Verkäufer dagegen fragt erst einmal: Wozu brauchen Sie denn den Container, was ist Ihnen wichtig? Anhand der Informationen erstellt er im Anschluss ein maßgeschneidertes Angebot für den Kunden. In diesem Fall findest du als guter Verkäufer heraus, dass es dem Kunden vor allem um die Schnelligkeit des Angebots geht, da er bereits das kommende Wochenende umziehen möchte. Du erhältst also den Zuschlag, wenn du dein Angebot schneller schicken kannst als die Konkurrenz.

«Die Fragen, die du stellst, sind wichtiger als die Dinge, die du jemals sagen könntest.»
- Thomas Freese[31]

Zuhören und direkt verkaufen sind also untrennbar miteinander verbunden. Konzentriere dich auf das Hier und Jetzt des Kunden und überzeuge ihn, indem du direkt auf seine Bedürfnisse eingehst.

14

Verkaufen am Telefon

Den meisten Verbrauchern schwebt einer von zwei klassischen Verkäufertypen vor, wenn sie an das Bild eines klassischen Verkäufers denken: Entweder der Staubsaugervertreter, der von Tür zu Tür geht, oder der Verkäufer, der mit hochgelegten Beinen im Büro sitzt und eine Nummer nach der anderen abtelefoniert. Denn das Telefon spielte viele Jahrzehnte im Vertriebsalltag eine essenzielle Rolle. Klassische Motivationssprüche für Verkäufer gehen oftmals so: „Du hattest einen schlechten Tag? Gut! Nimm dein Telefon in die Hand und mache einen letzten Anruf!" Die Anzahl der Anrufe wurde gleichgesetzt mit dem Erfolg des Verkäufers. Der Verkäufer, der am meisten Nummern anrufen konnte, galt im klassischen Direktvertrieb als der tollste Hecht. Mittlerweile haben sich die Zustände etwas gewandelt. Einerseits, weil viele Menschen so viele Anrufe bekommen, dass sie bei nicht eingespeicherten Nummern gar nicht mehr abheben. Da bist du als Verkäufer nur eine Nummer von vielen und die allgemeine Assoziation mit ungebetenen Anrufern ist schlichtweg lästig. Andererseits, weil es mittlerweile deutlich effektivere Methoden gibt, zumindest für einen Teil des Verkaufsprozesses.

Inwiefern das Telefon ausgedient hat

Sogar der Erfinder des Telefons, Alexander Graham Bell, sah bereits die nächste Erfindung am Horizont aufziehen. Berühmt sind seine Worte:

«Es wird der Tag kommen, an dem der Mann am Telefon in der Lage sein wird, die entfernte Person zu sehen, mit der er spricht.»
Alexander Graham Bell[32]

Damit hatte er zielgerichtet in die Zukunft geschaut und vorhergesehen, dass das Telefon – so bahnbrechend es in seiner erstmaligen Erscheinungsform auch war – nur ein Schritt auf einem langen Weg hin zur Digitalisierung des menschlichen Kontaktes darstellte. Ich bin der Meinung, dass das Telefon als Verkaufsmittel ausgedient hat. Zum einen bringt das Verkaufen am Telefon gegenüber den Alternativen deutliche Nachteile mit sich, angefangen mit der Tatsache, dass alle Informationen ausschließlich über den Hörsinn vermittelt und aufgenommen werden können. Wenn ich dem Kunden am Telefon mein Angebot beschreibe, stellt der sich alles Mögliche vor.

Ich vergleiche das gerne mit Geschichten, die ich meinen Kindern erzähle. Egal, wie detailliert ich die Drachen und Ritterschlachten und Piratenschiffe beschreibe – das Bild in meinem Kopf wird sich deutlich von dem unterscheiden, was sich meine Kinder ausmalen. Genau dasselbe ist der Fall, wenn du deinem Kunden am Telefon dein Produkt oder deine Dienstleistung beschreibst. Du bräuchtest ein sehr langes Telefonat, um nur ansatzweise die nötige Menge an Informationen zu vermitteln, damit ihr in etwa auf dem gleichen Wissensstand seid. Am Telefon bleiben damit häufig Fragezeichen. In einem Videoanruf dagegen kannst du als Verkäufer deine Produkte oder deinen Service mit einer Präsentation visuell zeigen. Allein dadurch erledigen sich viele Fragen, die du am Telefon nie so schnell und effektiv hättest beantworten können. Ein weiterer nicht zu verachtender Unterschied ist, dass ich per Video viel einfacher eine Beziehung zum Kunden aufbauen kann. Du kannst dem Kunden in die Augen sehen und seine Reaktionen auf deine Präsentation direkt beobachten. Der Kunde sieht, dass du hinter deinen Worten stehst. Denn es ist deutlich schwieriger, sich zu verstellen, wenn man mit Bild und Ton in Echtzeit mit dem Kunden kommuniziert und das merkt auch er. Als ehrlicher Verkäufer kannst du die Direktheit einer Videokonferenz nutzen, um die Ehrlichkeit deines Angebots zu unterstreichen. Spätestens seit der Corona-Pandemie hat sich auch die digitale Kompetenz der Kundschaft rasant weiterentwickelt. Mittlerweile kannst du davon ausgehen, dass ein Kunde beinahe jeder Generation einen Video-Call per Handy oder Laptop annehmen kann. Was ist die Moral der Geschichte? Am Telefon zu verkaufen ist extrem anspruchsvoll. Es ist sprachlich und kommunikativ sehr viel aufwendiger. Daher lautet meine Devise: Wenn ich es digital machen kann, mache ich es digital.

Nutze das Telefon als Akquise-Tool

Das heißt nicht, dass du das Telefon in die Ecke verbannen und verstauben lassen solltest. Es hat durchaus weiterhin seine Berechtigung im Verkauf. Es spielt nur eine andere Rolle als früher. Ich glaube an eine hybride Vertriebswelt, in der Telefonanrufe, Videokonferenzen und persönliche Treffen wie die Glieder einer Kette ineinandergreifen. Und so bietet das Telefon auch weiterhin einen unschlagbaren Vorteil: Du kannst den Kunden direkt und unvermittelt erreichen, ohne vorher einen Termin ausmachen zu müssen. Nutze das Telefon also für das, was es am besten kann: Um den Kunden überhaupt erst einmal zu erreichen. Sobald du das geschafft hast, kannst du den direkten Kontakt nutzen, um die nächste Stufe der Verbindlichkeit zu erreichen: Die Videokonferenz. Das Telefon ist also lediglich dein Werkzeug, um einen Videotermin zu vereinbaren. Es ist in den heutigen digitalen Zeiten ein reines Akquise-Tool, kein Verkaufsinstrument. In meinem Geschäftsalltag mache ich den Termin wann möglich per Telefon aus, entwickle die Beziehung über Video und schließe das Geschäft in Präsenz ab. Wenn ich im Video-Call allerdings direkt sehe, dass der Kunde angebissen hat, verzichte ich auch auf das persönliche Treffen und schließe das Geschäft direkt im Laufe der Videokonferenz ab. So nutzt du alle verfügbaren Kommunikationsmittel, um deinen Verkaufsprozess zu optimieren. Erfolgreiche Verkäufer nutzen ihre Zeit weise und wenden die Möglichkeiten der digitalen Welt an, um noch direkter und effektiver zu verkaufen.

Digital verkaufen

Wir schrieben das Jahr 2010, als Skype die Welt revolutionierte. Auf einmal konnten wir, anstatt in den Flieger zu steigen, einfach unseren Computer einschalten und eine Videokonferenz mit unseren Geschäftspartnern führen. Seit der Gründung von Skype im Jahr 2003 war es bereits möglich, Internettelefonate mit der ganzen Welt zu führen. 2010 dann konnte man auf einmal sogar das Gesicht und das Büro des anderen sehen und wie das Wetter vor Ort aussah!

Thomas Friedmann, ein mit dem Pulitzer-Preis gekrönter Autor und bekannter Kolumnist der New York Times, resümierte zehn Jahre nach dem Start von Skype, im Jahr 2013:

«In den letzten zehn Jahren hat sich in der Welt etwas wirklich Großes ereignet, das jedoch durch die Finanzkrise und die Ereignisse nach dem 11. September überlagert wurde. Wir sind von einer vernetzten Welt zu einer hypervernetzten Welt geworden. Ich bin immer wieder erstaunt, dass Facebook, Twitter, 4G, iPhones, iPads, Hochgeschwindigkeits-Breitband, allgegenwärtige drahtlose und smarte Mobiltelefone, die Cloud, Big Data, Handy-Apps und Skype vor einem Jahrzehnt noch nicht existierten oder noch in den Kinderschuhen steckten.»
- Thomas Friedmann[33]

Mittlerweile hat sich die Welt ein weiteres Jahrzehnt weitergedreht. Spätestens seit Corona sind Videokonferenzen in beinahe jeder Branche und jeder Art von Unternehmen gang und gäbe. Damit hat sich das Spielfeld für uns Verkäufer komplett verändert. Ebenso wie unsere Verkaufsstrategie. Denn wer in der neuen digitalen Welt verkaufen möchte wie früher einmal, wird auf die Nase fallen. Wenn man vor einigen Jahren ein physisches Geschäftsreffen teilweise Monate im Voraus vereinbaren musste, reichen heute meist wenige Tage. Üblicherweise hatte man damals einen gewissen Anreiseweg, der auch dafür sorgte, dass beide Seiten das Treffen ernst nahmen und sich gut vorbereiteten. Eine Videokonferenz dagegen erfordert lediglich ein paar E-Mails und Klicks. Und das ist nur einer der vielen Unterschiede, die auf diesem neuen Spielfeld gelten. Du kannst dieses neue Verkaufsumfeld sehr wohl zu deinem Vorteil nutzen, musst dazu aber die Regeln kennen. Also lass uns durchgehen, wie du als digitaler Verkäufer am erfolgreichsten bist!

Sorge für eine erstklassige Verbindung

Ein mittlerweile schon gängiger Witz lautet: Was sind die ersten vier Worte eines Business-Video-Calls? – „Können Sie mich hören?" Sorge dafür, dass dein Gesprächspartner direkt mit Ja antworten kann. Eine störungsfreie und schnelle Internetverbindung ist das A und O in der modernen Geschäftswelt. Wenn dein Kunde zum dritten Mal fragen muss, was du eben in der Verkaufspräsentation gesagt hattest, führt das nur zu Frustration. Und mit jeder Frustration auf Seiten des Kunden wird es unwahrscheinlich, dass das Geschäft zu einem positiven Abschluss kommt.

Dein Angebot mag noch so vorteilhaft für den Kunden sein, dein Talent als Verkäufer noch so herausragend und deine Präsentation noch so gut vorbereitet. Wenn der Kunde dich nicht versteht oder der Ton abgehackt ist, verbaust du dir die Chance, einen überzeugenden Eindruck zu vermitteln. Als Verkäufer solltest du die Rahmenbedingungen also stets so gestalten, dass die Kaufentscheidung dem Kunden möglichst leichtfällt. Dazu gehört eine schnelle Internetverbindung, wodurch dein Video in hoher Qualität angezeigt und du klar und deutlich zu hören bist.

Verwende Kopfhörer, um die Audioqualität zu maximieren und Hintergrundgeräusche zu reduzieren. Bevor du das erste Mal einen Video-Call durchführst oder wenn du von einem neuen Ort aus eine Videokonferenz abhalten wirst, solltest du daher einen Test durchführen. So stellst du sicher, dass Audioqualität und Videoqualität einwandfrei sind. Damit setzt du den Grundstein für erfolgreiche Videokonferenzen. In einem physischen Verkaufsgespräch würdest du hoffentlich auch keinen Kaugummi kauen oder grundlos zu nuscheln beginnen. Digital gelten ähnliche Regeln.

Kleide dich professionell

Da dich deine Kunden nun einwandfrei verstehen und ohne Unterbrechung sehen können, wollen wir klären, was genau sie zu sehen bekommen sollten. Wir alle kennen Kollegen im Homeoffice, die mit Hemd und Krawatte, aber in Unterhose vor dem Bildschirm sitzen. Das geht so lange gut, bis sie doch einmal unerwartet aufstehen müssen. Meiner persönlichen Meinung nach hilft es immer, auch im Homeoffice, sich professionell zu kleiden und zu präsentieren. Auch wenn der Kunde nur einen Ausschnitt sieht. In diesem Fall geht es primär darum, dass du dich als Verkäufer professionell repräsentiert fühlst, denn wie sagt man so schön? Kleider machen Leute. Mir persönlich fällt die Konzentration leichter und auch die Trennung zwischen Berufs- und Privatleben, wenn ich mich so kleide, als wenn ich ins Büro gehen würde. So fühle ich mich professionell und das strahle ich auch aus. Wie genau du dich kleidest, ist deine Entscheidung und sollte natürlich zu deinem Geschäftsumfeld passen. Probiere, wenn möglich verschiedene Möglichkeiten aus und wähle die Variante, mit der du dich am professionellsten fühlst.

Schaffe einen professionellen Hintergrund

Wir alle waren schon Teil von Videokonferenzen, in denen der Gesprächspartner scheinbar in der Dunkelkammer saß oder in denen der Hintergrund Dinge preisgab, die wir so eigentlich gar nicht wissen wollten. Richten wir also unsere Aufmerksamkeit auf die Wahl des Hintergrundes. Ich habe mir tatsächlich ein richtiges Studio eingerichtet, sodass ich zumindest diesbezüglich im Vorfeld nichts weiter vorbereiten muss, ich einfach den Laptop einschalten und stets einen gut ausgeleuchteten und präsentablen Hintergrund vorweisen kann. Dafür hast du vielleicht nicht das Budget oder den Platz und das ist auch nicht nötig. Wichtig ist dennoch, dass du mit den Mitteln, die dir zur Verfügung stehen, einen professionellen Hintergrund aufbaust. Sorge dafür, dass dein Hintergrund aufgeräumt, hell und ohne visuelle Ablenkung ist.

Achte darauf, dass dein Video weder überbelichtet noch unterbelichtet ist. Ganz wichtig ist außerdem, dass niemand durch das Bild läuft – nichts ist unprofessioneller als Kollegen, die im Hintergrund vorbeispazieren oder womöglich gleich hinter deinem Rücken ein Kaffeekränzchen abhalten. Oder der Partner, der im Hintergrund in Unterwäsche in Richtung Kaffeemaschine schlendert. Alternativ kannst du natürlich auch einen digitalen Hintergrund wählen, den du nach denselben Prinzipien auswählst oder gestaltest, beispielsweise mit dem Logo deiner Firma. Dein Hintergrund sollte dasselbe Feeling vermitteln, das auch der Ort vermitteln würde, an dem du dich idealerweise mit deinen Geschäftspartnern in Person treffen würdest. Mittlerweile gibt es zahlreiche statische oder sich bewegende Hintergründe, die als „lustig" angepriesen werden.

Da sieht man dann beispielsweise eine Mona Lisa mit Maske als eingestellten Hintergrund. Meine Meinung: Finger weg! So etwas mag in einem Video-Call mit der Familie für Lacher sorgen, in einem geschäftlichen Meeting aber stellst du damit deine Professionalität vor aller Augen in Frage. Mit der Wahl deines Hintergrundes und einer professionellen Präsentation kommunizierst du gegenüber dem Kunden: Ich bin jetzt hier. Ich investiere bewusst meine Zeit in dieses Gespräch. Ich nehme dieses Verkaufsgespräch ernst. Ein weiterer Vorteil – dein Kunde wird dadurch animiert, dasselbe zu tun.

Komm zum Punkt

Ich liebe digitale Meetings – schlicht und ergreifend, weil die Menschen weniger reden. Wenn ein klassisches Seminar sechs oder acht Stunden dauert, dauert das gleiche Seminar digital nur zwei Stunden. Das ist ein Riesenvorteil, den du als Verkäufer für dich nutzen kannst. In der digitalen Welt kannst du in 20 Minuten eine kompakte Verkaufspräsentation aufs Parkett zaubern, für die du früher in persona eine Stunde gebraucht hättest. Damals hättest du deinen Gesprächspartner am Empfang der Firma abgeholt, erstmal einen Kaffee zubereitet und ihr wärt langsam in Richtung Meetingraum geschlendert, wo endlich das eigentliche Gespräch beginnt. Die romantische Vorstellung von Vertrieb ist, dass du auf diesem Weg durch entspanntes Plaudern eine emotionale Verbindung mit dem Kunden aufbaust und dadurch die Verkaufschancen erhöhst.

Das mag sein, ist aber keine Garantie. Die Realität ist, dass du dir bei diesem Gespräch nicht selten die Chance auf einen erfolgreichen Geschäftsabschluss unnötig verbaust oder einfach Zeit vergeudest. Dein Kunde wird dich kaum in Erinnerung behalten, wenn du die fünfte Person bist, die an diesem Tag nach dem Wetter fragt. Überlege dir also einen kurzen, prägnanten und wenn möglich originellen und auf den Kunden zugeschnittenen Gesprächseinstieg und spare dir darüber hinaus den Smalltalk. Du wirst sehen, deine Gesprächspartner schätzen sehr wohl selbst, wenn du ihre und deine Zeit als zu wertvoll erachtest, um sie mit übermäßigem Geplapper zu verplempern.

15 Ehrlich verkaufen auf Social Media

Vor zehn Jahren konntest du dir Social Media als ein digitales Café vorstellen, in dem du dich mit Freunden austauschen und Privates teilen konntest. Werbung und Vermarktung von Produkten und Services fanden im Hintergrund statt. Heute befindet sich dieses digitale Café inmitten eines geschäftigen Einkaufszentrums und ist zum kommerziellen Raum geworden. Damit hat Social Media die Unschuld der ersten Tage verloren, in denen es vor allem darum ging, mit Freunden in der Nähe und in der Ferne Nachrichten auszutauschen. Für dich als Verkäufer bietet das einen großen Vorteil: Du kannst Social Media zum Verkaufen nutzen und das auch ehrlich so kommunizieren. Für mich ist Social Media dieser Tage ein Muss. Wie früher die Visitenkarte wird in der modernen Geschäftswelt erwartet, dass du ein eigenes Profil in den gängigen sozialen Netzwerken besitzt und auch pflegst. Wenn du kein geschäftliches Profil besitzt, sehen sich deine Kunden dein privates Profil an.

Der amerikanische Autor Erik Qualman fasst das gut zusammen:

«Wir haben keine Wahl, ob wir Social Media nutzen. Die Frage ist, wie gut wir es machen.»
- Erik Qualman[34]

Social Media kann auf uns wie ein wildes Ungeheuer mit tausend Tentakeln wirken. Lass uns herausfinden, wie du das Ungeheuer zähmst und mit welchen Tentakeln du dich überhaupt anlegen musst und mit welchen nicht.

Nutze Social Media bewusst

Die Entscheidung, ob du Social Media nutzen möchtest, wurde dir wie gesagt bereits abgenommen. Die Entscheidung, wie und in welchem Umfang du Social Media nutzen möchtest, ist dagegen völlig offen. Ich unterscheide die folgenden drei Stufen der Aktivität auf Social Media:

Stufe 1) Präsenz – reines Zeitinvestment

Stufe 2) Engagement – Zeit- Geldinvestment mit klarem Fokus auf einen Kanal

Stufe 3) Volles Programm – Zeit- Geldinvestment auf mehreren Kanälen

Ich habe mich mit meinem Business zunächst gewehrt, auf den Social-Media-Zug aufzuspringen. Mir ist der persönliche Austausch wichtig und ich habe ein großes Netzwerk, das ich vor allem offline und im direkten digitalen Kontakt pflege. Ich besaß eine Webseite und ein LinkedIn-Profil, die ich in unregelmäßigen Abständen aktualisierte. Das reichte als digitale Visitenkarte vollkommen aus. Ich war auffindbar, investierte allerdings keinen großen Zeitaufwand in meine Onlinepräsenz und schon gar kein nennenswertes finanzielles Budget. Mittlerweile nutze ich Social Media bewusster und habe meine LinkedIn-Präsenz stark ausgebaut. Ich investiere ein gewisses Budget in Berater und Mitarbeiter, um meine Reichweite auf LinkedIn zu erhöhen und fahre bisher gut damit. Im Laufe der Zeit habe ich meine Social-Media-Aktivitäten somit von Stufe Eins auf Zwei hochgefahren. Entscheidend für mich: Meine Social-Media-Aktivitäten ergeben eine stimmige Ergänzung zu meinen Offline-Aktivitäten und generieren zusätzliche Kundenkontakte, die auch zu mir passen. Unternehmen, die aktiv gleich mehrere Social-Media-Kanälen bespielen, sind ein Beispiel für Stufe Drei. Für diese Unternehmen ist Social Media nicht nur ein weiterer Marketingkanal, es ist unter Umständen der einzige Marketingkanal. Der amerikanische Startup-Berater Ryan Lilly beschreibt diese Entwicklung wie folgt:

«Social Media ist nicht nur eine Speiche auf dem Rad des Marketings. Es ist dabei, die Art und Weise zu werden, wie ganze Fahrräder gebaut werden.»
- Ryan Lilly[35]

Diese Entwicklung muss nicht linear sein. Nicht jedes Unternehmen, jeder Unternehmer oder jeder Verkäufer endet zwangsläufig auf Stufe Drei. Statt dich blind in die Welt von Social Media zu stürzen, solltest du dir bewusst ein Ziel für deine Onlineaktivitäten setzen und – ganz wichtig – regelmäßig eine ehrliche Auswertung durchführen. So stellst du sicher, dass du Zeit und Budget zielgerichtet einsetzt.

Finde dein Warum

Social Media erfüllt viele Zwecke. Sich mit Freunden zu verbinden ist dabei nur eine von vielen möglichen Arten, wie Social Media aktuell genutzt wird. Wissen, Unterhaltung, Inspiration und Business-Networking sind dagegen laut der amerikanischen Journalistin und Gründerin Germany Kent weitere wichtige Gründe:

«Wenn Sie auf Social Media sind und nicht lernen, nicht lachen, nicht inspiriert werden oder sich nicht vernetzen, dann nutzen Sie es falsch.»
- Germany Kent[6]

Der erste Schritt, um Social Media sinnvoll zum Verkaufen zu nutzen, besteht darin, sich ein Ziel zu setzen. Was möchtest du mit deiner Onlinepräsenz erreichen? Soll dein Profil auf Facebook, LinkedIn, Instagram und Co. vor allem Informationen über dein Angebot vermitteln? Dann nutze es wie eine Visitenkarte oder einen Flyer, der deine Follower direkt über deine Dienste oder Produkte informiert. Möchtest du deinem Unternehmen oder deiner Person zusätzliche Glaubwürdigkeit verleihen? In diesem Fall fokussiere dich beispielsweise darauf, online Bewertungen zu sammeln und auf deinem Social Media Profil zu teilen.

Möchtest du aktiv über Social Media neue Kunden finden? Dann kannst du beispielsweise online vermitteln, welches Kundenproblem deine Dienstleistung oder dein Produkt löst und Rabattcodes beziehungsweise spezielle Online-Angebote anbieten. Wähle die passende Onlineplattform, je nachdem, welches Ziel du über Social Media verfolgst. Auch ist es ist besser, einzelne Kanäle auszuwählen und sich damit genau auseinanderzusetzen. Finde heraus, wie dein Kanal funktioniert und nach welchen Besonderheiten der Algorithmus Inhalte hervorhebt. Auf LinkedIn haben wir beispielsweise gelernt, dass wir an Reichweite verlieren, wenn wir externe Links posten, also die von LinkedIn als Plattform wegführen. Also posten wir inzwischen keine externen Links mehr. Denn Social-Media-Plattformen funktionieren über Reichweite: schließlich willst du möglichst viele Menschen in der für dich relevanten Nische erreichen. Versetze dich auch in die Perspektive deiner Kunden. Was möchten diese online von dir sehen? Was bieten andere Wettbewerber und wie kommt das bei den Kunden an?

Was würdest du selbst gerne sehen, wenn du den Blickwinkel deiner Follower einnimmst? Es geht auch bei Social Media um wertschätzende Kommunikation. Teile, was dich beschäftigt. Konzentriere dich auf Inhalte, bei denen du merkst, dass deine Community eine positive Rückmeldung gibt. Erzähle, wer du bist, denn viele deiner Follower werden noch nie von dir gehört haben. Im echten Leben möchte der Kunde etwas kaufen und lernt daraufhin den Verkäufer kennen. Bei Social Media läuft das andersherum ab: Der Kunde lernt erst den Verkäufer kennen, dann entscheidet er sich zu kaufen. Das musst du berücksichtigen.

Entwickle eine Beziehung zu deinen Followern, wecke ihr Interesse und tritt im Idealfall in einen direkten Austausch mit ihnen, anstatt sie mit Werbung und Angeboten zu überfluten. Halte deinen Kanal sowie deine Follower auf dem Laufenden: Was tust du für dein Business oder für dein Netzwerk? Mit welchen Partnern arbeitest du zusammen? Auf welchen Events bist du unterwegs? – Dadurch ergeben sich Anknüpfungspunkte für deine Follower. Vergiss jedoch nicht: Das ist kein Beliebtheitswettbewerb. Natürlich kannst du nicht allen gefallen, das wirst du nie. Beziehungsweise möchtest du das auch überhaupt nicht, denn in dem Fall ist dein Profil schlicht nichtssagend. Auch hier treten verschiedene Marken oder Verkäufertypen auf, die verschiedene Kundengruppen ansprechen. Nehmen wir ein paar bekannte Beispiele: McDonald's, Starbucks oder Burger King. Das sind Unternehmen, die sehr stark polarisieren. Die einen lieben sie, die anderen hassen sie. Und trotzdem schaffen diese Marken immer eine Inszenierung, die zu der Zielgruppe passt. Weil ihre Social-Media-Profile professionell aufgebaut und ausgerichtet sind. Professionell auf eine Art und Weise, die nicht versucht, alle anzusprechen, sondern gezielt diejenigen anspricht, die für sie als Zielgruppe interessant sind. McDonald's versucht nicht, denjenigen anzusprechen, der in einem Fünf-Sterne-Restaurant dinieren möchte.

Aber für alle, für die McDonald's in Frage kommt, ist die Präsentation attraktiv. Es ist aufgeräumt, unterhaltsam und es ist klar, was für Essen du dort bekommst. Es ist entsprechend der Restaurants inszeniert: Familienfreundlich und günstig. Es gibt keine Verwirrung, wofür McDonald's steht. McDonald's wird über Instagram niemals Alkohol und Zigaretten neben dem Happy Meal bewerben, das würde nicht zur Marke passen. Genauso verfügst du über ein bestimmtes Verkäufer-Profil und genau das kannst du über Social Media umfassend präsentieren.

Dein Job ist es, auf die eine oder andere Art und Weise zu verkaufen. Der einfachste Weg, um sich ein erstes Bild zu machen, besteht heute für viele Kunden darin, auf Social Media zu recherchieren und erst dann deine Webseite zu besuchen. Betrachte deine Kanäle deshalb als deine Schaufenster. Wenn meine Schaufenster unaufgeräumt sind, sodass nicht klar wird, was ich eigentlich anbiete, werden die Leute zu einem anderen Anbieter gehen, der ein aufgeräumtes Schaufenster hat. Sobald du dein Warum gefunden hast, wird es dir deutlich leichter fallen, passende Inhalte in dein digitales Schaufenster zu stellen und deine Follower an Bord zu holen. Sei nicht enttäuscht, wenn dein Social Media Profil nur langsam wächst. Der Aufbau einer Community beansprucht mehr Zeit als einen einzigen Sonntagabend. Es dauert üblicherweise zwölf bis 15 Monate, bis sich deine Investments auf Social Media auszahlen. Viele Verkäufer sind nicht bereit, diese Zeit und dieses Geld zu investieren. Eines darfst du dabei außerdem nicht unterschätzen: Dein Account mag noch so viele Follower zählen, wenn es die falschen sind – sprich Follower, die dir nicht aus den Gründen folgen, die du gerne hättest – ist diese Zahl völlig unbedeutend. Jay Baer, der bereits mehrere millionenschwere Unternehmen gegründet hat, betont, wie wichtig es ist, seine Follower auch aktivieren zu können:

«Aktivieren Sie Ihre Fans. Sammeln Sie sie nicht nur wie Baseballkarten.»
- Jay Baer[7]

Um herauszufinden, wie du deine Follower am besten aktivierst und deine Ziele erreichst – Glaubwürdigkeit, Verkäufe, Sichtbarkeit oder Ähnliches – wirst du einiges ausprobieren müssen. Für Social Media brauchst du wie erwähnt einen langen Atem. Wenn du nicht die Zeit hast, dich mit den Sozialen Medien auseinanderzusetzen, dich mit den unterschiedlichen Algorithmen der jeweiligen Plattformen zu befassen und verschiedene Strategien auszuprobieren, kann ich die Zusammenarbeit mit einer Agentur empfehlen. Ich habe mir beispielsweise für die Epple Consulting Group eine professionelle Beratung gebucht, um unsere Reichweite auf LinkedIn zu vergrößern.

Gestalte dein Social-Media-Profil professionell, aber nahbar

Auf deinem geschäftlichen Social Media Profil solltest du ausschließlich Inhalte veröffentlichen, die dich in einem professionellen Licht darstellen. So transportierst du das Bild des erfolgreichen Verkäufers, als der du von deinen Kunden wahrgenommen werden möchtest. Du magst vielleicht sagen: „Das sind doch die Sozialen Medien! Da ist es doch ok, wenn ich die Dinge etwas salopper formuliere und auch private Bilder veröffentliche. Ich bin ja auch nur ein Mensch!

Auf diese Weise wissen meine Kunden wenigstens, dass ich authentisch bin." – Und zu einem gewissen Grad mag das natürlich stimmen. Du brauchst dich nicht komplett zu verstellen oder auf Social Media ein generisches, nichtssagendes Profil führen. Es ist hilfreich, gerade als Verkäufer mit Herz als Mensch greifbar zu sein. Doch ist es für eine professionelle und zielgerichtete Kommunikation – die brauchst du, schließlich willst du immer noch verkaufen – entscheidend, dass du dir genau überlegst, was du auf Social Media darstellen möchtest.

Als Orientierung hilft die folgende Frage: Würdest du die Inhalte, die du via Social Media teilst, auch im normalen Geschäftsalltag preisgeben? – In den meisten Fällen lautet die Antwort dann doch Nein. Das heißt nicht, dass du nicht auch eine menschliche Seite zeigen kannst. Deine Geschäftspartner kennen dich ja auch bis zu einem gewissen Grad als Menschen. Ein total steifer und generischer Social-Media-Kanal erreicht auch niemanden. Sicher reißt du mit deinen Geschäftspartnern auch einmal einen Witz und redest über Dinge, die nichts mit dem Geschäft zu tun haben. Ihr tauscht euch über Hobbies aus oder sprecht über Themen, die euch in eurer Freizeit interessieren. Aber es gibt klare Grenzen, was in diesem Rahmen akzeptabel ist, weil es die Sache auflockert, und was eben nicht. Damit meine ich Themen und Dinge, die einfach nicht in den geschäftlichen Bereich, sondern wirklich ausschließlich in den privaten Bereich gehören. Und genau diese solltest du auch nicht via Social Media preisgeben.

Achte darauf, dass dein persönliches Profil präsentabel ist

So weit, so gut. Aber was ist mit dem privaten Profil? Ein Denkfehler vieler Vertriebler besteht darin, sich auf LinkedIn zwar ein rein geschäftliches Profil anzulegen, auf Facebook oder Instagram aber zeitgleich ein privates Profil zu pflegen. Dein geschäftliches Social-Media-Profil ist das eine, dein privates Profil das andere – doch im Prinzip gelten dieselben Empfehlungen. Denn auch wenn es dein „privates" Profil ist, ist es meist ebenso öffentlich auffind- und einsehbar wie dein geschäftliches Profil, was es in gewisser Weise nur zu einem weiteren Geschäftsprofil macht. Business und privat lässt sich online kaum trennen.

Stelle dir nur einmal vor, ein potenzieller Kunde hat gerade dein LinkedIn-Profil begutachtet und sucht anschließend aus Neugier auf Facebook nach deinem Namen. So findet er auf einmal Fotos deiner Party vom letzten Wochenende oder sonnenverbrannte Bilder in knapper Bekleidung vom Strand. All das kann den ersten professionellen Eindruck schnell wieder zunichtemachen und du bist als Verkäufer nicht länger interessant. Daher empfehle ich dir, wenn du über Social Media Kunden ansprechen möchtest, auf allen Kanälen ausschließlich professionell aufzutreten. Betrachte es als das, was es ist: ein Teil deines Business. Der Grad, zu dem du auf Social Media auch privat professionell auftrittst, hängt natürlich damit zusammen, wie sehr du dein Unternehmen repräsentierst. Als Angestellter bist du weniger das Aushängeschild als der Unternehmer und Gründer deiner eigenen Marke. Wenn du Unternehmer oder selbständiger Verkäufer bist, ist Social Media wie das Schaufenster des eigenen Geschäftes. Und dieses Schaufenster kann super aussehen, gut eingerichtet und total überzeugend sein und dafür sorgen, dass Leute in dein digitales Geschäft kommen und sagen: „Hey, das sieht hier alles richtig gut aus, mach mir ein Angebot." Oder es kann potenzielle Kunden vergraulen, weil es in sich unstimmig, zu privat oder zu unaufgeräumt ist oder sie schlicht nicht abholt, weil es die falschen Inhalte für sie darstellt. Das ist schade, eigentlich wären sie an dem Angebot interessiert gewesen. Aber das digitale Schaufenster sorgt dafür, dass sie lieber zu einem anderen Laden gehen, bei dem sie das Schaufenster stärker anspricht. Räume also dein Schaufenster auf und inszeniere es so, dass es deine Zielgruppe anspricht! Private Fotos solltest du ausschließlich über ein auf privat gestelltes Konto und mit deinem engeren Kreis teilen.

16

Die Verkäufer der Zukunft

Für viele ist der Verkäufer mit Herz, wie ich ihn in diesem Buch beschreibe, bereits eine deutliche Weiterentwicklung des klassischen Staubsaugervertreters. Dabei hat die Zukunft doch gerade erst begonnen. Ich glaube fest an die ständige Weiterentwicklung der eigenen Person und der eigenen Fähigkeiten. Die Frage, die ich mir regelmäßig stelle, lautet deshalb: Wie sieht der Verkäufer der Zukunft aus? Wie werden Kunden in der Zukunft angesprochen und auf welche Weise werden sie Käufe tätigen? Die zugrundeliegende Frage, die dich natürlich am meisten interessiert: Wie kannst du zur Gruppe der Verkäufer gehören, die in Zukunft erfolgreich verkaufen? Nicht nur die nächsten drei bis fünf Jahre, sondern die nächsten zehn bis 30 Jahre?

Der Verkäufer der Zukunft ist selbst die Marke

Angetrieben von den Sozialen Medien hat sich der Fokus des Käufers gewandelt. Oft hat der Kunde in dem Augenblick, in dem er zum ersten Mal mit dir als Verkäufer in Kontakt tritt, keine Kaufbereitschaft. Er sieht sich gerade Urlaubsfotos von Freunden an, als er auf einmal einen Post deines Unternehmens entdeckt. Wenn du in diesem Moment das Interesse des Kunden weckst, ohne dein Kaufangebot in den Vordergrund zu stellen, kannst du den Kunden langfristig an dich binden. Wie wir im vorherigen Kapitel gesehen haben, geht es zunehmend weniger um dein Produkt und mehr um dich als Verkäufer. Der amerikanische Bestseller-Autor Todd Duncan bringt es auf den Punkt:

«Ein Kunde kauft erst Sie und dann Ihr Produkt.»
- Todd Duncan[38]

Es wird damit von immer größerer Bedeutung, wofür du als Verkäufer stehst. Welche Werte du repräsentierst. Es sind deine Werte und es ist deine Geschichte, weswegen der Kunde sich an dich erinnern wird – oder eben nicht.

Der Verkäufer der Zukunft ist hybrid

In der Vergangenheit genügte es, einen Vertriebskanal gut zu bespielen. Wenn jemand gut darin war, am Telefon oder in Person zu verkaufen, fokussierte er sich auf diesen Verkaufsweg. In der Zukunft wird es dagegen nicht ausreichen, nur ein Verkaufsinstrument zu beherrschen. Du bist nicht mehr Orchestermusiker, sondern der Dirigent. Du dirigierst ein gesamtes Orchester an unterschiedlichen Verkaufsinstrumenten, die zusammenarbeiten müssen. Dein Vertriebsalltag umfasst Akquise-Anrufe per Telefon, Verkaufsmeetings per Videokonferenz, persönliche Treffen, E-Mails, Nachrichten über die verschiedenen Social-Media-Kanäle und vieles mehr. Für nachhaltigen Erfolg als Vertriebler ist es in der heutigen Zeit essenziell, deine Verkaufskanäle genau zu kennen und so zu bespielen, dass du das Maximum für dich herausholst.

Das Stichwort lautet: Multi Channel Sales. Wie die amerikanische Vertriebsstrategien und Autorin Jill Konrath es formuliert:

«Verkäufer, die sich die sozialen Medien zu eigen gemacht haben, schaffen neue Möglichkeiten, die die traditionellen Vertriebskanäle völlig umgehen. Es geht um gutes Verkaufen – und darum, alle Tools zu nutzen, die einem heute zur Verfügung stehen.»
- Jill Konrath[39]

Auf den verschiedenen Kanälen aktiv zu sein, heißt nun nicht nur, dass du auf allen Sozialen Medien ein Profil hast, das du sporadisch bespielst. Es heißt, dass du die verschiedenen Vertriebskanäle so einsetzt, wie es am besten zur Verkaufsstrategie und zur Funktionsweise des jeweiligen Kanals passt. So ergibt sich ein stimmiges Orchester.

Der Verkäufer der Zukunft ist durch und durch professionell

In der nahen Zukunft bist du auf vielen unterschiedlichen Verkaufskanälen gleichzeitig aktiv. Dadurch wird es umso wichtiger, dass deine Botschaft überall professionell bleibt. Egal, ob du auf LinkedIn, per Telefon, auf Facebook oder in Person kommunizierst – der potenzielle Kunde sollte stets die gleichen Werte vermittelt bekommen. Bewege dich daher auf jedem Parkett mit der gleichen Professionalität. So brillierst du nicht mehr nur am Telefon, sondern überzeugst genauso in einer LinkedIn-Antwort an einen interessierten Follower. Natürlich unterscheidet sich die Art der Kommunikation. In einer E-Mail schreibst du sicherlich etwas formeller und ausführlicher als in einer Facebook-Antwort. Entscheidend ist und bleibt allerdings, dass die von dir kommunizierten Werte und der Kommunikationsstandard konsistent sind. Dazu zählt auch das professionelle Auftreten, das dich als seriösen Verkäufer kennzeichnet.

Der Verkäufer der Zukunft entwickelt sich ständig weiter

«Investiere viel Zeit in die Zukunft, denn dort wirst du den Rest deines Lebens verbringen.»
- Yathiray Agarwal[40]

Als Verkäufer der Zukunft kannst du es dir nicht länger leisten, dich in deiner Verkäuferblase zu isolieren. Der moderne Verkäufer sollte sich in unserer globalisierten und hochgradig verwobenen Welt auch stets informieren: Was passiert in dieser Welt? Welche gesellschaftlichen Konflikte treten auf? Wie werden diese meine Vertriebsaktivitäten beeinflussen? Dabei muss es gar nicht unbedingt um die großen Themen wie Kriege oder Pandemie gehen: Wenn ich Autos verkaufe, muss ich mich beispielsweise informieren, was passiert, wenn unsere Politiker entscheiden, die Umweltprämie abzuschaffen.

Was passiert, wenn es keine Tankrabatte mehr gibt? Was passiert, wenn die Regierung ab 2035 Dieselautos verbietet?

Der Verkäufer der Zukunft ist Optimist

Die nächste Krise steht an und die nächste. Wenn wir nach den Schlagzeilen in den Zeitungen gingen, müsste uns allen bang ums Herz werden. Zu unserem Glück ist das aber nur eine Art, die Dinge zu betrachten. Ein Gespräch mit einem Tankstellenbesitzer hat mir vor Augen geführt, wie unterschiedlich wir die Welt sehen können – je nachdem, welche Sichtweise wir einnehmen. Ich fragte ihn: „Was passiert denn, wenn eines Tages nur noch Elektroautos herumfahren und deine Tankstelle in der heutigen Form ausgedient hat?" Daraufhin er: „Jesus Maria, hoffentlich passiert es schnell!" Womit er mich erst einmal kalt erwischte. Wie konnte er denn den Zerfall seines Geschäftes als etwas Gutes betrachten?

Hatte ich ihn falsch verstanden? Er erklärte mir, dass sein Geschäft ohnehin nicht das Tanken, sondern das Shoppen sei. Er verdient Geld daran, dass die Leute Snacks und Ähnliches einkaufen, wenn sie für ihre Tankladung bezahlen. Wenn die Kunden in Zukunft nur noch Strom tanken, kümmert ihn das wenig, denn er verdient weiterhin Geld an den Impulseinkäufen seiner Kunden. „Dafür besteht dann kein Risiko mehr, dass mir das Gebäude um die Ohren fliegt." Klar, das ergibt Sinn! Die meisten Menschen hätten erst einmal Mitleid mit dem Tankstellenbesitzer gehabt. In der Annahme, dass er pleitegeht, wenn die Leute kein Benzin oder Diesel mehr tanken. Dabei ist das genaue Gegenteil der Fall!

Die Frage ist daher immer: Wie betrachte ich die Welt? Sehe ich nur Risiken oder vor allem Chancen in der Veränderung? So gelten viele Märkte heute als schwierig. Die Buchbranche zum Beispiel befindet sich den Medien zufolge seit Jahrzehnten im Niedergang. Nur weil der Markt schwierig ist, heißt das aber nicht, dass es kein Interesse gibt. Mein Verleger sagte mir: „Die Buchindustrie ist krisengebeutelt, da wird es schwierig, hohe Stückzahlen zu verkaufen." Meine Antwort: „Ist doch super, da muss ich weniger Exemplare verkaufen, um in den Bestsellerlisten zu landen."

Die Frage ist nicht: Wie ist der Markt? Die Frage sollte lauten: Welche Attraktivität besitzt mein Produkt? Welche Attraktivität habe ich, hat meine Marke? Denn im Zweifel hat jeder Markt seine Tücken und will erobert werden.

Trotz aller Herausforderungen, die die Zukunft bringen mag, bleibt eines sicher: Es wird weitergehen. Nur eben anders. Und das Erstaunliche wird sein, dass alles weit weniger schlimm wird, als wir jetzt vielleicht befürchten. Denn die Menschen sind erfinderisch. Du kannst dich also als einer der Verkäufer positionieren, die ganz vorne mit dabei sind, wenn es darum geht, auf eine neue und bessere Art zu verkaufen.

Der Verkäufer der Zukunft kann Komplexität verarbeiten

Unsere Welt ist unglaublich komplex geworden. Innerhalb weniger Generationen sind wir von der Internetrevolution mitgespült worden in eine ganz neue Welt. Diese neue Welt ist digital, vernetzt, 24/7 erreichbar. Diese neue Welt ist global, komplex, alles ist voneinander abhängig. Bei der heutigen Geschwindigkeit neuer Entwicklungen, Herausforderungen und Krisen kommt niemand mehr so wirklich mit. Innerhalb weniger Minuten oder Stunden erfahren wir, wenn am anderen Ende der Welt etwas geschehen ist, was uns innerhalb weniger Tage, Wochen oder Jahre ebenfalls betreffen wird. Das kann überwältigend sein. Als Verkäufer solltest du dich allerdings davon nicht verrückt machen lassen. Weil die Geschwindigkeit weiter zunehmen wird. Die Komplexität wird weiter steigen. Ich habe mit einem Installateur gesprochen.

Der könnte ein Krisengewinner der Gasknappheit sein. Ist er leider nicht. Er sagte mir: „Ich könnte Wärmepumpen noch und nöcher verkaufen, aber ich habe keine. Und kein Personal." Der Autohändler sagt mir: „Ich könnte Autos verkaufen, aber wir produzieren keine." Als Verkäufer musst du mit dieser Komplexität umgehen, Zusammenhänge verstehen und flexibel reagieren können. Du musst hinnehmen, dass die Dinge oft komplexer sind, als wir es gerne hätten, darfst dich aber davon nicht unterkriegen lassen. Es gibt Verkäufer, die sagen: „Ist doch nicht mein Problem, wenn es global eine Chip-Knappheit gibt."

Da frage ich zurück: „Bist du dir da sicher? Bist du dir sicher, dass die globale Chip-Knappheit und die daraus resultierende Knappheit bei Autos, Handys und anderen Elektronikgütern dein Geschäft nicht beeinflussen könnten?" Meiner Meinung nach beeinflusst alles, was auf das Kaufverhalten der Kunden in großem Umfang einwirkt, indirekt oder direkt jede Art von Geschäft. Sei es nur, weil der Kunde im Gespräch mit dir genervt ist, weil er sein vor Monaten bestelltes Auto noch immer nicht abholen konnte. Natürlich musst du dich nicht im Detail über alle Geschehnisse auf diesem Planeten informieren. Die Zeit hast du nicht und das wäre auch unverhältnismäßig. Worüber du dich auf dem Laufenden halten solltest, sind die aktuellen Neuigkeiten in deiner Branche. Die Neuigkeiten, die für dein Geschäft und deine Kunden direkt relevant sind. Denn deine Kunden sind nicht unbedingt in der Lage, die Komplexität all dieser Ereignisse zu verarbeiten. Das liegt vor allem daran, dass er gar nicht die Zeit hat, sich damit im Detail auseinanderzusetzen. Es ist damit deine Aufgabe, diese Komplexität zu verstehen und für den Kunden herunterzubrechen, sodass du deine Kunden über die für sie wichtigen Themen informieren kannst. Als Verkäufer der Zukunft musst du also komplex denken und es trotzdem einfach und verständlich ausdrücken können.

Es ist dabei vollkommen legitim, zu beschränken, welche Bereiche dein Wissen abdeckt und in welchen Bereichen du keine fundierte Meinung teilen kannst. Das unterstreicht deine Authentizität in den Augen des Kunden. Der Verkäufer, der komplexe Zusammenhänge einfach vermitteln kann, wird das Geschäft machen. Denn der Verkäufer verkauft nicht nur ein Produkt oder einen Service, er verkauft auch die Gewissheit, dass der Kunde die richtige Wahl getroffen hat. Die zunehmende Komplexität unserer Welt bietet gleichzeitig jede Menge Chancen für denjenigen, der um die Ecke denkt. Und so kannst du neue Vertriebswege ausprobieren, die auf den ersten Blick weit weniger offensichtlich erscheinen.

Denn das beste Vertriebsmodell ist nicht unbedingt das Vertriebsmodell, das den meisten Menschen zuerst in den Sinn kommt und gesellschaftlich am angesehensten ist. So kann es beispielsweise deutlich besser funktionieren, Produkte einer anderen Marke zu verkaufen, als eigene Produkte zu entwickeln. Es gehört Selbstbewusstsein dazu, etwas zu verkaufen. Umso mehr, wenn dein Geschäftsmodell sich von den traditionellen Verkaufsstrategien unterscheidet. Um seine Wahl selbstbewusst vertreten zu können, muss der Verkäufer der Zukunft deshalb mit sich im Reinen sein. Nur so wirst du als Verkäufer ganz vorne dabei sein können. In deinem eigenen Rennen. Denn es geht stets darum, deine eigenen Ziele zu erreichen. Sodass du jeden Tag auf deine Arbeit zurückblicken und dir sagen kannst: Gut gemacht! Ich fühle mich wohl in meiner Rolle als Verkäufer, denn ich bin authentisch. Ich verkaufe gut, denn meine Kunden spüren und sehen, dass ich ehrlich und direkt bin. Dann kannst du dir auf die Schulter klopfen.

Ich würde mich sehr über eine persönliche Nachricht von dir auf LinkedIn freuen, in der du mir mitteilst, wie dir dieses Buch gefallen hat:

LinkedIn Tobias Epple

Viele Grüße

Dein Tobias Epple

17 Über den Autor

Tobias Epple lebt viele Rollen aus, um seinen vielfältigen Interessen gerecht zu werden. Bei der Landesbausparkasse Südwest leitet er als selbstständiger Handelsvertreter und Bezirksdirektor ein Erfolgsteam aus 32 motivierten Handelsvertretern. Unternehmerisch ist Tobias als Geschäftsführer der Epple Consulting Group tätig sowie als Gründer der KOMPETENZ Expertenverlag GmbH mit seiner Marke „Kompetenzzentrum für Führung und Vertrieb" und Herausgeber des Expertenmagazins „Kompetenz". Zusätzlich veröffentlicht er mit diesem Buch bereits seinen dritten Ratgeber und zieht mit seinem Erfolgsbuch „Was Elon Musk von meiner Oma lernen kann" auch einen kritischen Kontext zur Digitalisierung. Dabei schafft er eine Verbindung zu den Traditionen und Werten seiner Großeltern. Sowohl Karriere als auch Beratung von Tobias Epple kreisen um die folgenden Themen: Vertrieb, Führung, Personalentwicklung und Unternehmensstrategie. Seine Freizeit verbringt er mit seinen zwei Kindern und seiner Frau. Außerdem engagiert sich Tobias sozial für die Kinderkrebs-Nachsorgeklinik in Tannheim in Villingen-Schwenningen, die Industrie- und Handelskammern vor Ort als Prüfer verschiedener Berufsbilder und für weitere lokale Stiftungen in seiner Region. Durch seine

Erfahrungen und herausragenden Erfolge als Verkäufer – 17 Jahre in einem Handelsvertretervertrieb, fünf Jahre Führungskompetenz in einem Team mit mehr als 70 Mitarbeitern, jüngster Bezirksdirektor der LBS Südwest – kann er bereits auf eine umtriebige Karriere zurückblicken. Seine Kunden und Partner schätzen Tobias vor allem für seine Klarheit und seine soziale Kompetenz. Ein Kunde der Epple Consulting Group beschreibt die Zusammenarbeit mit Tobias wie folgt:

«Tobias Epple bringt die Dinge auf den Punkt. Seine direkte Art lässt wenig Spielraum für Interpretation und sorgt für Klarheit. Er hat immer die Weiterentwicklung im Blick und legt den Finger in die Wunde. Er ist begeisternd, kritikfähig, hat das Ziel stets im Blick und steht hinter seinen Entscheidungen. Die Zusammenarbeit hat immer Spaß gemacht und jeden Beteiligten auf ein neues Level gebracht.»[41]

Tobias stammt aus einer klassischen deutschen Unternehmerfamilie: Die Großeltern gründeten das Familienunternehmen und vermittelten dem Enkel die Tugenden des klassischen deutschen Unternehmertums. Erfolge und Krisen des großelterlichen Stuckateur-Betriebs waren oft Gesprächsthema am Küchentisch. Statt für schnelles Geld und scheinheilige Anerkennung stand das Familienunternehmen von jeher für Hemdsärmel hochkrempeln, ehrliche Arbeit und Erfolg durch Fleiß. Deswegen weiß Tobias Epple auch genau, wie essenziell Klarheit und Aufrichtigkeit im Umgang miteinander sind. Selbst, wenn es unbequem wird und überhaupt nicht das ist, was man gerne hören möchte. Seine Großeltern haben Tobias Epple stark geprägt. Nicht zuletzt deswegen haben bei ihm konservative Unternehmertugenden einen hohen Stellenwert, verknüpft mit den Errungenschaften der Digitalisierung und New-Work-Prinzipien. Als Gründer des „Kompetenzzentrum für Führung und Vertrieb" hat Tobias bereits Hunderte Unternehmer, Handelsvertreter, Führungskräfte und

Geschäftsführer bzw. Vorstände in Veränderungsprozessen und bei Neu-Positionierungen begleitet. Aus vielen Gesprächen mit seinen Klienten sind ihm die Ängste und die mangelnde Orientierung vieler Unternehmer gegenüber einer blinden Digitalisierung sehr vertraut. „Verkaufen mit Herz" vereint die Ansätze, die Tobias in seinen eigenen Unternehmen verfolgt, mit denen er seine Kunden erfolgreich berät und nach denen er sein Team aus Handelsvertretern leitet.

Tobias sagt von sich selbst:

«Ich habe nie aufgehört, dazuzulernen und beabsichtige auch nicht, dies in Zukunft zu tun. »

www.tobiasepple.de

LinkedIn Tobias Epple

Zur Website

KOMPETENZ - Das Expertenmagazin

Bild: Denis Scheck mit Tobias Epple; Fotoquelle: Bettina Allgaier

Das Buch „Was Elon Musk von meiner Oma lernen“ kann, findest Du auf www.elonundoma.de

Die Presse über Tobias Epple:

„Ein gesuchter Referent"

Sonderausgabe die Macher der Stuttgarter Nachrichten

„Tobias Epple zählt zu den führenden Referenten"

Ludwigsburger Kreiszeitung

„Tradition geht auch digital"

Founders Magazin

„Elon und Oma – wir brauchen beide"

Ludwigsburger Kreiszeitung

Weitere Publikationen und Presseberichte in:

aktiencheck.de, Braunschweiger Zeitung
Wolfsburger Nachrichten, Saarbrückener Allgemeine
Vaihinger Kreiszeitung, Bietigheimer Zeitung
Kompetenz das Expertenmagazin, blickpunktdeutschland.de
finanznachrichten.de, nachrichten-heute.de
guetsel.de

Danksagung

Mein persönlicher Dank gilt insbesondere den vielen tollen Verkäuferinnen und Verkäufern, die mich auf meinem Weg bis hierhin begleitet haben. Die als meine Kolleginnen und Kollegen oder als meine Mitarbeiterinnen und Mitarbeiter sowie als Handelsvertreterinnen und Handelsvertreter in meinem Team gemeinsam mit mir die vielen tollen Erfolge erarbeitet und gefeiert haben. Erfolge, die wir uns im Verkauf erarbeitet haben. Wundervolle Menschen, für die Entwicklung nicht nur ein Wort ist. Menschen, die täglich an sich und ihren Verkäuferfähigkeiten arbeiten und den Verkauf als eine kontinuierliche Weiterentwicklung betrachten.

Erfolgreiches Verkaufen ist auch eine Frage der richtigen Unterstützung. Danke deshalb an die Vorstände meiner Partnerunternehmen, der LBS Südwest sowie der Kreissparkasse Ludwigsburg. Sowie an mein herausragendes Backoffice teamtobi.

Aus tiefstem Herzen danke ich auch meiner wunderbaren Ehefrau, für die vielen Stunden, die ich als Verkäufer und Führungskraft nicht bei ihr sein konnte, sondern meiner Leidenschaft gefolgt bin. Sie hat mich immer machen lassen. Danke für deine wundervolle Unterstützung, Jessica. Auch danke ich meinen Söhnen Nico und Marco für die unzähligen kleinen Momente unseres gemeinsamen Glücks.

Ganz besonders möchte ich mich auch bei meinen Kunden und Partnern der Wirtschaft bedanken, für ihr Vertrauen und die großartigen Möglichkeiten, mich dahin entwickeln zu können, wo ich heute stehe. Das erfüllt mich mit tiefer Dankbarkeit.

Ich danke meinem Freund Florian für die Unterstützung bei der Erstellung dieses Buches, bei den vielen Gesprächen und Blickwinkeln dazu. Bei der Suche nach Beispielen, Quellen und der Sinfonie des Buches.

Ganz zum Schluss möchte ich mich ganz herzlich bei meinem Verlag, dem ForwardVerlag um Daniel Weiner bedanken. Ohne die Unterstützung meines Verlages wäre dieses Buch nicht entstanden. Ich danke dir, für dein Vertrauen und Engagement, lieber Daniel.

Wenn ich jemanden Vergessen habe, so bitte ich um Verzeihung!

Selbstverständlich danke ich auch dir, lieber Leser, liebe Leserin für den Kauf dieses Buches und für dein Vertrauen. Ich danke dir für das Weiterempfehlen dieses Buches und im Voraus auch schon einmal für deine Bewertung auf Amazon. Denn wie ich zu Feedback stehe, und es nutze, um mich stetig weiterzuentwickeln, weißt du ja inzwischen. ;)

Das Experten Magazin
Kompetenz
TOBIAS
& OMA
Digital ist
nicht alles!
Das Experten Magazin
für Unternehmer und Führungskräfte
WWW.KOMPETENZ-DASMAGAZIN.DE
JETZT
BESTELLEN

Literaturverzeichnis

[01] https://www.goodreads.com/quotes/tag/transaction, aufgerufen am 17.10.2022 um 17:15 Uhr

[02] https://www.handelsblatt.com/unternehmen/management/neuromarketing-warum-wir-kaufen-was-wir-kaufen/3272336.html, aufgerufen am 17.10.2022 um 17:16 Uhr

[03] https://www.linkedin.com/business/marketing/blog/content-marketing/101-sales-and-marketing-quotes-to-read-before-setting-your-strategy, aufgerufen am 17.10.2022 um 17:17 Uhr

[04] https://www.pacher.agency/blog/15-marketing-zitate-die-dich-inspirieren-werden/, aufgerufen am 17.10.2022 um 17:16 Uhr

[05] https://everydaypower.com/jack-welch-quotes/ , aufgerufen am 17.10.2022 um 17.45 Uhr

[06] https://www.goodreads.com/quotes/668292-people-don-t-buy-what-you-do-they-buy-why-you, aufgerufen am 17.10.2022 um 17:17 Uhr

[07] https://www.phocus-direct.de/blog/wer-sind-die-besseren-verk%C3%A4ufer-introvertierte-oder-extrovertierte-vertriebsmitarbeiter, aufgerufen am 17.10.2022 um 17:19 Uhr

[08] Ebd.

[09] Ebd.

[10] https://www.progressiverecruitment.com/de-de/blog/2020/01/5-tipps-fuer-introvertierte-vertriebsmitarbeiter/, aufgerufen am 17.10.2022 um 17:20 Uhr

[11] https://www.phocus-direct.de/blog/wer-sind-die-besseren-verk%C3%A4ufer-introvertierte-oder-extrovertierte-vertriebsmitarbeiter, aufgerufen am 18.10.2022 um 10:01 Uhr

[12] https://www.phocus-direct.de/blog/wer-sind-die-besseren-verk%C3%A4ufer-introvertierte-oder-extrovertierte-vertriebsmitarbeiter, aufgerufen am 18.10.2022 um 10:01 Uhr

[13] https://www.peaksalesrecruiting.com/blog/42-quotes-to-inspire-sales-persistence/, aufgerufen am 17.10.2022 um 17:21 Uhr

[14] https://www.mehr-fuehren.de/gute-verkaeufer-dirk-kreuter-teil-2/, aufgerufen am 17.10.2022 um 17:21 Uhr

[15] https://medium.com/@alan_46156/the-brand-loyalty-equation-c13b86ac67bb, aufgerufen am 18.10.2022 um 09:47 Uhr

[16] https://www.linkedin.com/business/marketing/blog/content-marketing/101-sales-and-marketing-quotes-to-read-before-setting-your-strategy, aufgerufen am 19.10.2022 um 11:38 Uhr

[17] https://press.aboutamazon.com/news-releases/news-release-details/amazoncom-announces-4th-quarter-profit-exceeds-sales-and-profit#: :text=(NASD%3A%20AMZN)%20today%20announced,%2Dever%20billion%2Ddollar%20quarter., aufgerufen am 19.10.2022 um 08:21 Uhr

[18] https://www.brainyquote.com/quotes/aristotle_onassis_159411, aufgerufen am 17.10.2022 um 17:22 Uhr

[19] https://www.aphorismen.de/zitat/3104, aufgerufen am 17.10.2022 um 17:23 Uhr

[20] https://www.brainyquote.com/quotes/jonathan_swift_122299, aufgerufen am 18.10.2022 um 12:19 Uhr

[21] https://www.dalipaintings.com/salvador-dali-facts.jsp, aufgerufen am 17.10.2022 um 17:24 Uhr

[22] https://gutezitate.com/zitat/118613, aufgerufen am 17.10.2022 um 17:25 Uhr

[23] https://www.investopedia.com/terms/p/paretoprinciple.asp

[24] https://www.biography.com/business-figure/conrad-hilton, aufgerufen am 17.10.2022 um 17:26 Uhr

[25] https://solofire.com/blog/60-motivational-sales-quotes-to-fire-up-your-sales-reps/, aufgerufen am 17.10.2022 um 17:27 Uhr

[26] https://falschzitate.blogspot.com/2018/03/eine-schmerzliche-wahrheit-ist-besser.html

[27] https://www.zitate.de/autor/Limbeck%2C+Martin

[28] https://www.carpediem.life/a/gelassenheitsgebet, aufgerufen am 17.10.2022 um 17:26 Uhr

[29] https://businessfitness.biz/yes-too-quickly-not-saying-no/#, aufgerufen am 17.10.2022 um 14:23 Uhr

[30] https://blog.hubspot.com/sales/motivational-quotes-sales-drive-2015, aufgerufen am 15.10.2022 um 15:39 Uhr

[31] https://twitter.com/goldbondinc/status/1205223331718410241?lang=en, aufgerufen am 16.10.2022 um 19:34 Uhr

[32] https://www.entrepreneur.com/leadership/12-inspiring-quotes-from-the-inventor-of-the-telephone/290418, aufgerufen am 18.10.2022 um 15:33 Uhr

[33] https://www.azquotes.com/quote/1241343?ref=skype, aufgerufen am 17.10.2022 um 17:27 Uhr

[34] https://marketsplash.com/de/zitate-uber-soziale-medien/, aufgerufen am 17.10.2022 um 17:13 Uhr

[35] https://marketsplash.com/de/zitate-uber-soziale-medien/, aufgerufen am 18.10.2022 um 14:13 Uhr

[36] Ebd.

[37] https://www.facebook.com/TheRealJayBaer/photos/a.765867810206845/3144216669038602/?type=3, aufgerufen am 17.10.2022 um 15:15 Uhr

[38] https://twitter.com/intent/tweet?text=%40toddstweets%20quote%20about%20the%20future%20of%20sales%20%23followup%20%23sales%20https%3A%2F%2Fwww.saleswingsapp.com%2Fsales-tipps%2Fthe-future-of-sales%2F, aufgerufen am 17.10.2022 um 17:28 Uhr

[39] http://saleslead.store/15-social-selling-quotes-to-inspire-your-sales-efforts, aufgerufen am 18.10.2022 um 17:14 Uhr

[40] https://www.pinterest.com/pin/340021840612767178/, aufgerufen am 19.10.2022 um 13:53 Uhr

[41] https://www.linkedin.com/in/tobiasepple/details/recommendations/?detailScreenTabIndex=0, aufgerufen am 17.10.2022 um 17:28 Uhr